Jean-Claude Kardinal Hollerich

Was auf dem Spiel steht

Jean-Claude Kardinal Hollerich

Was auf dem Spiel steht

Ein Gespräch mit Alberto Ambrosio und Volker Resing

HERDER

FREIBURG · BASEL · WIEN

HERDER KORRESPONDENZ Edition

Luxembourg School of Religion & Society

MIX
Papier | Fördert gute Waldnutzung
FSC® C083411

Bei Fragen zur Produktsicherheit wenden Sie sich an:
produktsicherheit@herder.de

Satz: Carsten Klein, Torgau
Herstellung: CPI Druckdienstleistungen GmbH,
Ferdinand-Jühlke-Straße 7, 99095 Erfurt

Printed in Germany
ISBN Print: 978-3-451-10276-9
ISBN E-Book: 978-3-451-82473-9

Inhalt

Vorwort

Die Echternacher Springprozession kennt jeder. Drei Schritte vor, zwei zurück, so geht sprichwörtlich der Pilgerschritt im Osten Luxemburgs. Aber nur wenige wissen, dass das eine Legende ist. Tatsächlich geht es ganz anders zu bei der Prozession in Echternach. Man geht nicht, man tanzt, von einem Fuß auf den anderen, kommt voran, nicht so schnell, als wenn man gehen oder gar laufen würde, aber dafür zusammen, fröhlich und in Gemeinschaft. Und manchmal springt die Pilgerschar auch auf der Stelle … Aber die Bewegung bleibt, und wenn der Weg frei ist, geht es weiter – zum Grab des Heiligen Willibrord, durch die Stadt mit ihren Wohnungen, Geschäften, Kneipen …

Seit 2010 ist die Prozession zur Basilika in Echternach immaterielles Weltkulturerbe. Seit 2011 ist Jean-Claude Hollerich, der Jesuit und Hochschullehrer, Erzbischof von Luxemburg. Er ist ein Bewunderer des frühmittelalterlichen Reformers Willibrord. »Die Kirche braucht auch heute Bewegung und Veränderung«, sagt Hollerich, aber Innehalten gehöre auch zum Weg der Kirche. »Es ist ein gemeinsamer

Weg, den alle zusammen gehen müssen.« Der Weg der Kirche also ein gemeinsamer Tanz, keine Springprozession? Der Erzbischof hat es vorgemacht. In seinem ersten Jahr zog er nicht nur am Ende der Prozession in goldenen Paramenten segnend durch die Stadt, sondern machte auch in einer Reihe mit anderen Pilgern den ganzen Weg den tanzenden Pilgerschritt mit. Er sei dabei schon mächtig ins Schwitzen gekommen, wird berichtet, denn das Tempo des Gottesvolkes auf dem Weg hing nicht allein vom Bischof ab.

2019 machte Papst Franziskus Jean-Claude Hollerich zum Kardinal. Zuvor war er zum Vorsitzenden der Kommission der Bischofskonferenzen der Europäischen Gemeinschaft gewählt worden. In den künftigen Beratungen der Bischofssynode über die Synodalität als Zukunftsmodell der katholischen Kirche kommt Hollerich die möglicherweise entscheidende Schlüsselposition zu. Der Papst ernannte ihn zum Generalrelator: das bedeutet, Hollerich wird 2023 zum Abschluss der Bischofssynode den zusammenfassenden Bericht mit Empfehlungen schreiben. Wie wird sich die katholische Weltkirche verändern? Was muss die Kirche bewahren? Wie wird sich das Christentum in einem entkirchlichten Europa entwickeln? Auch auf diese Fragen muss die Bischofssynode der Weltkirche Antworten suchen. Und darauf muss auch Hollerich antworten. Vielleicht gibt der Pilgertanz auf den Straßen von Echternach auch der Weltkirche auf ihrem Weg einen guten Takt vor.

Wer aber ist dieser Mann, der für die Zukunft der Kirche an einer so entscheidenden Stelle seinen Dienst ausübt? Wer ist Jean-Claude Hollerich, wie denkt er, wie glaubt er, welche Menschen sind ihm wichtig? Darüber haben wir in mehrstündigen Begegnungen mit ihm gesprochen. Das nun vorliegende Buch ist eine aufregende Reise zu den ungewöhnlichen Lebensstationen des Menschen, Priesters, Theologen und Seelsorgers Hollerich. Aber es ist auch eine ganz überraschende Reise zu ganz unterschiedlichen Wirklichkeiten und Lebensweisen des Katholischen in dieser Welt.

Kardinal Hollerich ist aufgewachsen in einer Zeit, in der die katholische Glaubenspraxis fast noch so selbstverständlich war wie die Luft zum Atmen. Doch schon in seiner Kindheit gab es erste Brüche, seine Familie war gar nicht so fromm, wie es noch viele in der Nachkriegszeit waren. Jean-Claude Hollerich entdeckt den Glauben als sein eigenes Ding, beginnt die Messe zu lieben und sich für den intellektuellen Kern des Glaubens zu begeistern. Er lernt früh Rom kennen, wird Jesuit, eine Brieffreundschaft mit dem großen Karl Rahner prägt ihn. Dann kommt die Wegscheide: Hollerich geht als Missionar nach Japan. Er wird als ein anderer Mensch zurückkehren. Bis heute ist seine asiatische Prägung ein faszinierender Teil seiner Katholizität. Vielleicht macht das seine ganz eigene Spiritualität und sein Charisma aus: dass er in seiner Verkündigung und in seiner Sendung immer große Vertrautheit und inspirierende

Fremdheit verbinden kann. Immer schwingt bei ihm eine Frömmigkeit mit, die von ganz anderswoher kommt und doch zutiefst katholisch ist. Und zum anderen ist sein Katholizismus ein sehr ländlich verwurzelter, ein Glaube, der auf eine andere Weise aus der Nähe kommt und zwischen Deutschland und Frankreich, zwischen der Hüttenwerkstadt Differdingen und der Schlossstadt Vianden, beheimatet ist.

Hollerich ist der Dialog mit der Politik wichtig, er will die Stimme der Kirche hörbar machen, aber er weiß, dass diese nicht mehr selbstverständlich Gehör findet. Als 2015 der luxemburgische Staat eine scharfe Trennung von Kirche und Staat vollzog und der katholischen Kirche auch schmerzhafte Einschnitte bescherte, hat Hollerich diesen Prozess nicht nur beweint, sondern auch als Chance begriffen, der die Gemeinschaft der Gläubigen nötigte, aus einer nicht mehr zeitgemäßen Haltung herauszufinden – und auch aus einer eingeübten Bequemlichkeit.

Zudem sieht er sich in seiner Funktion als Europa-Bischof als einendes Element gegen die wachsende Kluft zwischen West- und Osteuropa. Er warnt vor Dialogverweigerung und ermuntert, trotz Unterschieden im Gespräch zu bleiben. Seine Mahnung stößt in Ost wie West auf Zustimmung, aber auch auf Widerstände. Auch hier hilft sein Echternacher Takt: Veränderung geht nur, wenn man sich auf eine gemeinsame Weise einlässt.

Wer das wuchtige Bischofshaus in Luxemburg betritt, schreitet durch eine schwere Bronzetür, die mit einem massiven metallenen Knauf bewegt wird: Es ist eine Schlange, die sich selbst in den Schwanz beißt. Der Ouroboros, so der Name des symbolischen Tiers, ist schon in der ägyptischen Mythologie belegt, genauso ist er in der abendländischen Kultur bekannt und auch in der asiatischen Welt. Das Bildsymbol steht religions- und kulturübergreifend für die Ewigkeit. Wer also Kardinal Hollerich besucht, erlebt einen Menschen, der im Hier und Jetzt lebt, der sich von Jugendlichen Netflix-Serien empfehlen lässt und sich diese auch anschaut, der aber zugleich auch ein tief verankertes Gespür für das Ewige, Unveränderliche und Unverfügbare hat. Das vorliegende Buch stellt einen spirituellen Menschen vor, mit einer geradezu unstillbaren Neugierde und einer großen Liebe zu den Menschen; zugleich einen Denker, der das Christliche im Horizont der Welt und der großen Religionen sieht, und den die Mission für ein erneuertes Christentum in Europa antreibt. »Annuntiate!« lautet sein Wahlspruch – »Verkündet das Evangelium«, für Hollerich eine Aufgabe, die nicht nur mit Worten geschieht.

Wir danken Kardinal Jean-Claude Hollerich für seine Zeit und seine mutige Freude am offenen Gespräch. Der Text ist entstanden durch das Zusammenführen unterschiedlicher Interviews, die wir mit dem Kardinal im Bischofshaus geführt haben. Dieses Buch wäre nicht möglich geworden ohne das vermittelnde Wirken von Jean Ehret, dem Direktor der Luxembourg School of Religion & Society (LSRS). Außerdem haben die Mitarbeiterinnen und Mitarbeiter im Bischofshaus das Projekt engagiert unterstützt. Allen Beteiligten danken wir von Herzen.

Den Leserinnen und Lesern wünschen wir anregende Lektüre!

Dezember 2021
Alberto Ambrosio und Volker Resing

1.

Der Novize lernt putzen

Kindheit und Jugend im fast noch katholischen Milieu

Im Hinblick auf die eigene Biografie ergibt sich die Frage: Wo bin ich eigentlich katholisch geworden? Eher im Elternhaus, eher in der Gemeinde, oder in der Schule? Woher kommt die besondere Prägung bei Ihnen?

Gemeinde und Schule zusammen sind für mich die prägenden Orte. Meine Eltern haben den Glauben nicht praktiziert. Nur wenn meine Großmutter da war, ist meine Mutter mal zur Kirche gegangen. Sie waren nicht total gegen Glauben und Kirche, aber es hat sie nicht so sehr interessiert – so könnte man es sagen. Meine Schwester und ich wurden zur Messe geschickt, weil das noch üblich war und man sich anpassen wollte. Meine Schwester ist dieser Aufforderung sehr widerwillig gefolgt, sie ist heute auch keine praktizierende Katholikin mehr. Mir aber hat es so richtig gut gefallen. Ich bin in einer kleinen mittelalterlichen Stadt im Norden von Luxemburg aufgewachsen. Damals lag das Katholische doch irgendwie noch in der Luft.

Welche Bedeutung hatte die Schule?

Ich hatte Religionsunterricht in der Grundschule. Dreimal in der Woche kam der Priester. Das waren die schönsten Schulstunden. Ich hatte Glück, so sehe ich es heute. Wenn ich jetzt von den Missbrauchsfällen höre oder von strengen Priestern, die die Kinder geschlagen haben, bin ich entsetzt. Solche Erfahrungen habe ich nicht gemacht. Ich hatte immer nur gute Priester. Der Dechant war auch streng, aber wir liebten ihn. Es war eine Güte hinter der Strenge. Sicher, er schmiss auch mal mit seinen Schlüsseln in der Klasse herum. Aber das taten alle, auch die anderen Lehrer. Das haben wir damals als nicht so schrecklich bewertet.

Wie aber kam es zu Ihrer besonderen Hinwendung zur Kirche?

Vor allem die Heilige Messe hat mich schon als Kind sehr angezogen. Vor meiner Erstkommunion bin ich bereits Ministrant geworden, und das war für mich der erste Schritt zum Priestertum. Es war erlaubt, dass man nicht zur Schule ging, wenn man als Ministrant gebraucht wurde. Das war für mich ganz normal.

Gab es so etwas wie ein besonderes Erlebnis?

Ich erinnere mich daran, dass ich schon als zehnjähriger Junge eine besondere Erfahrung gemacht habe. Es gab eine Betstunde am Kindergebetstag. Ich fühlte, als ich auf die Monstranz schaute, eine große Liebe Gottes. Vielleicht darf man das Gotteserfahrung nennen. Es setzte sich bei mir der Gedanke fest: Ich werde Priester. Später bin ich auch einmal verliebt gewesen. Dann war der Gedanke an das Priestertum für ein paar Monate weg, aber danach kam er wieder und wurde stärker.

Und wie haben Ihre Eltern reagiert?

Sie waren doch zunächst sehr skeptisch. Mein Vater war in der Stahlindustrie beschäftigt und hat sich hochgearbeitet, später war er als Obermeister für die Instandsetzung von Maschinen zuständig. Nicht nur die Kirche, sondern auch die Universität waren ihm zunächst fremd. Meine Schwester und ich sind die Ersten aus der Familie, die studiert haben. Dann bin ich Seminarist für die Diözese Luxemburg geworden. Unser Bischof Jean Hengen hat mich 1978 in das Germanicum nach Rom geschickt. Da waren meine Eltern doch mächtig stolz.

Wie haben Sie Rom erlebt, aus der Provinz kommend?

Die ersten Monate hatte ich doch viel Heimweh. Aber ich war dann fasziniert von der Stadt und von der Internationalität. Ich wurde zum Vertreter der Studenten gewählt, ich war Sekretär der Studentenvereinigung. Nebenbei habe ich christliche Archäologie studiert. Ich habe mit Begeisterung die Einführungskurse besucht und an den Führungen in der Nekropole unter St. Peter teilgenommen. Und es gab auch heidnische und jüdische Katakomben, die wir besichtigt haben; sie standen durch die Lateranverträge auch unter vatikanischer Hoheit. Ich erinnere mich, dass man einen Straßendeckel anheben musste, um hinunterzusteigen.

Aber Sie sind nicht in Rom geblieben. Warum?

Ich fühlte mich zunächst sehr wohl in Rom, jedoch gab es damals im Kolleg eine Art Karrierismus. Die Seminaristen dachten alle, sie werden später einmal Bischof oder Regens. Diese Atmosphäre konnte ich plötzlich nicht mehr ausstehen. Ein guter Freund von mir schrieb mir in den Ferien, er werde zu den Jesuiten gehen; er war ein Schweizer, der auch im Germanicum studierte. Zunächst versuchte ich ihn zu überreden, das nicht zu machen. Dann merkte ich, dass er dabei war, mich zu überzeugen. Wir sind dann beide zusammen eingetreten. Er hat sein Noviziat in Innsbruck gemacht, ich habe es 1981 in Belgien begonnen. Und wir sind auch beide noch immer im Dienst.

Und was haben Ihre Eltern dann gesagt?

Sie waren sehr bestürzt und wussten nicht genau, was das bedeutet. Bei »Pater« und »Orden« dachten sie an die Benediktiner der Abtei in Clerf und konnten sich mich in der Kutte wohl nicht vorstellen. Wie kann man Rom verlassen, um in einem entlegenen Nest in Belgien sein Noviziat zu machen, haben sie gefragt. Sie haben mir aber die Entscheidung überlassen.

Wie würden Sie rückblickend den Katholizismus Ihrer Kindheit und Jugend beschreiben?

Wenn ich zurückblicke, war es eine Welt mit vielen Rissen, wo nur noch die Fassade stand. Aber mir hat das damalige katholische Leben gutgetan. Ich konnte als Messdiener den Unterricht verlassen, um bei Beerdigungen oder Bittprozessionen zu ministrieren. Das war ganz normal, obwohl es keine katholische Schule war. Vielleicht haben es auch einige schon damals nicht mehr als normal angesehen.

Aber es gab eben doch eine katholische Prägung eines gewissen Milieus in Luxemburg, das heute verschwunden ist.

Es gab noch Versatzstücke dieser katholischen Welt, die mich geprägt haben, die ich in mir trage, die sich aber verändert haben. Als Ministrant war ich stolz darauf, wenn ich die Laterne tragen durfte, vor der Monstranz – und das waren keine leichten Dinger so wie heute. Ich hatte dann eine Woche Rückenschmerzen vom Tragen, war aber stolz auf die Schmerzen. Ich konnte ganz nah bei Jesus gehen, so war mein tiefes Empfinden. Ich fühle noch immer dieselbe

Liebe zum Sakrament. Ich würde auch heute noch die Laterne beim Allerheiligsten tragen. Und als Bischof, wenn ich die Pontifikalliturgie feiere, habe ich seit einiger Zeit auch wieder Rückenschmerzen. Schon allein mit dem Evangelienbuch zu segnen, ist anstrengend. Ich tue es noch immer gerne, aber die Welt um uns ist heute eine völlig andere.

Wie kam es denn, dass der Bischof Sie nach Rom geschickt hat?

Vielleicht weil ich gute Noten hatte. Ich bin im Gymnasium auch einmal durchgefallen. Aber nachher war ich immer Klassenbester, in den Sprachen, in Geschichte und in den Humanwissenschaften. Einmal habe ich bei einem Aufsatzwettbewerb sogar eine Reise nach Paris gewonnen.

Wenn wir Ihre Erfahrungen auf die heutige Situation der Ausbildung von Priestern beziehen, zu der sich Papst Franziskus mit Sorge geäußert hat: Wo liegen die Schwierigkeiten?

Es gibt in der Tat gravierende Probleme bei der Priesterausbildung. Junge Priester konzentrieren sich beispielsweise zu sehr auf die Liturgie und auf eine bestimmte Vision des Priestertums, von der sie alles ableiten, wozu sie sich berufen fühlen. Ich denke, das ist zu wenig. Wir müssen das Priesteramt wieder verstärkt von der Idee des Dienstes her verstehen. In der heutigen Kirche gibt es zum einen das traditionelle, ordinierte Amt, das von anderen Ämtern unterschieden werden muss. Aber die ordinierten Ämter müssen im gleichen theologischen Horizont wie die anderen Ämter interpretiert werden. Und obwohl die Leitung der Gemeinde zum ordinierten Amt gehört, muss das wichtigste Amt der Dienst des Wortes sein. Und der beschränkt sich nicht auf die Liturgie! Nur wer sein Leitungsamt unterordnet unter den Dienst an Gottes Wort, kann die Gemeinde wahrhaft leiten. Sonst verfällt man in Klerikalismus.

Und was meinen Sie mit dem Wort »Dienst«?

Dienst geschieht aus Liebe. Ich kann Christus nicht lieben, ohne die Menschen zu lieben. Wenn ich Jesus liebe, muss ich alle Männer und Frauen lieben, die seine Brüder und Schwestern sind. Egal ob sie mir ähnlich sind oder ob sie mir gleichgültig sind: Ich muss ihnen zu Diensten sein.

Zurück nach Rom: Haben Sie damals während Ihrer Ausbildung schon kirchenkritische Stimmen wahrgenommen?

Die gab es wahrscheinlich schon, aber nicht in der luxemburgischen Provinz. Bei uns war das konservative Milieu noch bestimmend. Ich habe als Ministrant noch bei der Tridentinischen Messe gedient und war ganz entsetzt, als sich das änderte, wo ich doch gerade die Gebete auswendig gelernt hatte. Ein Volksaltar kam erst, als ich fünfzehn Jahre alt war.

Haben Sie die Zeit nach dem Konzil nicht als Aufbruch erlebt?

Doch, ich bin dann sogar ungeduldig geworden. Ich hörte, dass sich überall in Luxemburg etwas ändert, nur bei uns noch nicht. Als dann ein neuer Pfarrer kam, war ich sehr froh. Ich konnte dann Jugendgottesdienste vorbereiten und habe einen Jugendverein gegründet. Ich fand die Entwicklung sehr spannend. Mit 16 Jahren habe ich Gruppen für ein Bibelgespräch organisiert. Unser Dechant hat mich das alles machen lassen, dafür bin ich ihm sehr, sehr dankbar. In der Schule haben wir noch den Katechismus gelernt. Aber dann kam der Kaplan plötzlich mit Hose und Sakko und nicht mehr in Soutane zur Schule: Da standen wir alle am Fenster und haben verdutzt dreingeschaut.

Was ist eigentlich Ihre Muttersprache?

Lëtzebuergesch!

Und welche Rolle spielt Deutsch?

Die deutsche Sprache kam dann im ersten Schuljahr dazu, und Französisch im zweiten. Sprachen sind mir aber immer leichtgefallen. Wir wohnten ja an der deutschen Grenze. Damals gab es noch Grenzkontrollen. Aber wir kannten die Schleichwege und sind dann als Kinder durch den Wald nach Deutschland gelaufen.

Wie hat Ihre Familie den Zweiten Weltkrieg erlebt?

Als ich klein war, wurden die Deutschen als Huren-Preußen bezeichnet. Preußen war das gängige Wort für Deutsche, weil Luxemburg einmal an Preußen angrenzte. Das Wort »Huren« habe ich als Kind nicht verstanden. Ich dachte, das sei die normale Bezeichnung. Einige aus meiner Familie waren im Widerstand gegen die Nazis engagiert; die Deutschen waren die Bösen. Und dennoch bin ich dann später Professor für deutsche Studien an der Sophia-Universität Tokio geworden. Für meine Studenten war ich dann plötzlich irgendwie auch ein Art Repräsentant Deutschlands in Japan. So verrückt kann die Geschichte sein. Ich war dann eine Zeitlang Pfarrer der deutschsprachigen Gemeinde in Tokio und bin Mitglied in mehreren Studentenverbindungen geworden, zunächst in Japan in der Akademischen Vereinigung Edo-Rhenania zu Tokio. Mir hat das alles gut gefallen. Heute bin ich sogar Seelsorger im Cartellverband der katholischen deutschen Studentenverbindungen.

Welche Theologen haben Sie früh geprägt?

Ich hatte schon früh Joseph Ratzingers »Einführung ins Christentum« studiert. Das Buch habe ich als ganz wunderbar empfunden. Ich habe dann auch den »Grundkurs des Glaubens« von Karl Rahner gelesen, aber nicht verstanden. Später ist Rahner dennoch mein Lieblingstheologe geworden.

Haben Sie Rahner noch persönlich treffen können?

Ich habe ihn gut gekannt und auch getroffen. Er war einmal im Germanicum zu Besuch, aus Zufall saß ich beim Frühstück neben ihm. Es hat mich fasziniert, wie unkompliziert man mit ihm sprechen konnte. Während meines Noviziates stand ich mit ihm im Briefwechsel. Rahner hat mir geschrieben, was ich lesen sollte, und ich musste ihm dann berichten, wie ich das Buch jeweils gefunden habe. Wenn ich nun daran zurückdenke, bewundere ich seine Engelsgeduld mit jemandem, der überhaupt nicht so gebildet war wie er. Er hat einfach den Menschen genommen, wie er ist.

Was hat er Ihnen zu lesen aufgegeben?

Es ist ganz erstaunlich und fast amüsant, dass er mir die neothomistischen großen lateinischen Dogmatiker aufgegeben hat. Alles auf Latein: Das musste man können, weil ich damals Professor für Dogmatik werden wollte.

Warum gerade die Dogmatik?

Vor allem die Dogmengeschichte hat mich fasziniert. Die Frage, wie der Glaube in die hellenistische Kultur inkulturiert wurde, habe ich als äußerst spannend empfunden. Dieser Reichtum der Theologie beeindruckt mich bis heute. Jetzt sind wir wieder in einer Zeit, in der Inkulturation gefordert ist. Wir sind in einem großen Wandel begriffen.

Warum aber das Interesse an Dogmen? Welche Bedeutung messen Sie Ihnen heute bei?

Wenn ich hätte selbstständig entscheiden können, wäre ich gerne Dogmatiker geworden. Ich habe mich immer für die Frage der »analogia entis« interessiert: Wir können etwas über Gott sagen, das wahr ist, und gleichzeitig ist Gott völlig frei. Ja, Gott ist immer größer. Ich finde die Entwicklung von Dogmen faszinierend. Das Problem ist, dass wir heute das Dogma als einen geschlossenen Prozess verstehen und nicht sehen, wie offen dieser Prozess ist, der selbst der Vermittlung bedarf. Ich bin zutiefst davon überzeugt, dass die sogenannte »christliche« europäische Kultur, die nicht im Glauben, sondern nur im Denken christlich ist, ein Hindernis ist. Wenn wir dieses System der kognitiven Festschreibungen des Glaubens beibehalten, ist das Christentum dem Untergang geweiht. Stattdessen müssen wir eine neue Denkweise über den Glauben in die Realität einbinden, in die Suchbewegung der Menschen zu Gott hin. Noch ist die ganze Theologie in einer Sprache und in Gedanken verfasst, die die Leute in hundert Jahren nicht mehr verstehen werden.

Schon jetzt nicht mehr?

In der Tat, viele verstehen sie schon jetzt nicht mehr. Wir müssen jetzt bereits neu denken lernen. Wir müssen zwar das Alte genau kennen und dürfen nicht lax damit umgehen. Aber wir müssen auch couragiert neue Wege gehen. Das habe ich von Rahner gelernt, damals. Rahner kritisierte etwa seinerzeit den »Denzinger«, in dem auch vom Konzil nur eine Auswahl veröffentlicht wurde. So wurde damals Theologie gemacht. Heute müssen wir uns wieder den ganzen Reichtum anschauen.

Haben Sie noch etwas aus der Korrespondenz im Gedächtnis behalten? Worüber haben Sie mit Rahner diskutiert?

Zum Beispiel haben wir über Herz-Jesu-Frömmigkeit diskutiert. Ich fand das damals ganz schrecklich. Und er sagte: Nein, das hat Tiefe. Viel, viel später habe ich dann in Japan die Kongregation der Jesuiten dem heiligsten Herzen Jesu geweiht.

Haben Sie damals auch Belletristik gelesen?

Ich habe viele Romane gelesen. Damit habe ich im Alter von 16 Jahren angefangen. Ich weiß nicht, ob ich damals alles verstanden habe, aber Dostojewski habe ich verschlungen.

Haben Sie während des Studiums schon eine Fremdheit zwischen der Theologie und der modernen Welt wahrgenommen?

Erst langsam habe ich sie bemerkt. Meine Welt war ja damals eins mit der der Theologie; die Welt der Seminaristen kann etwas sehr Enges sein.

Haben Sie diese Enge auch in Rom erlebt?

Tatsächlich war ich ein schlechter Germaniker. Manchmal habe ich die Vorlesungen geschwänzt, weil sie so langweilig waren. Ich habe mir dann die Skripte besorgt und dennoch ganz gut abgeschlossen. Wichtig war für mich etwas anderes: Die Exerzitien der Jesuiten habe ich damals schon geschätzt und die »Gemeinschaft Christlichen Lebens« (GCL) war für mich eine Heimat. Ich hatte entsprechende kleine Gruppen initiiert und wurde Generalbevollmächtigter in Rom. Außerdem war ich der Herausgeber einer Jugend-Beilage der Zeitschrift der Welt-GCL. Donnerstags war vorlesungsfrei und ich habe im Sekretariat der GCL, das im Jesuiten-Kollegium angesiedelt war, gearbeitet. Den größten Einfluss haben nicht die Jesuiten auf mich ausgeübt, sondern eine Frau. Sie war Generalsekretärin der GCL, eine Französin. Die hat mir ungeheuer imponiert, wie sie ihren Glauben mit einer besonderen Konsequenz lebte. Wir hatten den Spitznamen »Mutter General« für sie.

Das ist jetzt 40 Jahre her: Wenn Sie auf diese Zeit zurückschauen: War Ihr Glaube damals der gleiche wie heute?

Nein, mein Glaube ist sehr gewachsen seit dem Noviziat. Ich möchte einmal ein Beispiel dafür geben, wie gut mein Novizenmeister damals war. Wir hatten einen theologischen Kurs über die Eucharistie zu besuchen. Ich fand den Kurs einfach nur schlecht. Ich hätte wohl selber schon einen besseren

Kurs geben können zu jener Zeit. Ich bin wütend zum Novizenmeister gegangen und habe ihm das so gesagt. Das war eigentlich undenkbar, er war doch der Chef. Er kannte mich und wusste, dass ich immer Argumente hätte, um ihm zu widersprechen, und er wusste, dass ich recht hatte, was den Kurs betraf. Er sagte, du hast recht, du brauchst nicht mehr in diesen Kurs zu gehen. Der Bruder, der für die Krankenpflege zuständig ist, wird für zwei Wochen Ferien machen. Du wirst ihn ersetzen. Und weil ich die alten Patres pflegen musste, hatte ich mehr über die Eucharistie gelernt als in jedem Kurs. Das war sehr hart, aber es war eine gute Schule. Er hat mir recht gegeben – und etwas zu tun gegeben, was die Demut förderte und zugleich den Glauben wachsen ließ.

Was lehrt uns Ihre persönliche Erfahrung darüber, wie wir heute das Evangelium vermitteln müssen?

Wir müssen lernen, dass das Evangelium immer wieder übersetzt werden muss, in heutige eigene Erfahrungen. Daraus müssen neue Erzählungen werden. Die wissenschaftliche Exegese hat uns gezeigt, dass das, was man das Wort Gottes nennt, von einer Gemeinschaft vorbereitet wurde, die bestimmte Erzählmuster dafür verwendete. Dieser Gedanke kann uns helfen, die Bedeutung des Glaubens heute zu verstehen. Ich bin kein Prophet und kann daher nicht sagen, wie wir es genau tun sollten. Aber gleichzeitig sehe ich eben die Grenzen unseres bisherigen Systems, das Schwierigkeiten hat, den Glauben neu zu formulieren. Im Mittelalter konnten die meisten Gläubigen nicht lesen, dennoch wurde der Glaube weitergegeben. Wenn man sich die Abtei Echternach und ihre Evangeliare ansieht, lernt man, zu verstehen, wie die Weitergabe des Glaubens über das geschriebene Wort hinausgeht.

In welchem grundsätzlichen Bezug steht die Erfahrung des Lebens zum christlichen Glauben?

Wir müssen begreifen, dass Leben und Glauben eins sind. Wenn ich bete, bete ich wie in den Übungen des Ignatius vorgegeben: Ich stelle mir eine Szene aus dem Evangelium vor, in der ich selbst dabei bin. Davon profitiere ich spirituell, um es in einer traditionellen Sprache auszudrücken. Und beim Beten geht es nicht nur um das Wiederholen von Formeln, sondern darum, sich in eine solche Situation hineinzuversetzen.

Die Geschichte erzählt aber auch von Strenge und Disziplin.

Ja, wir hatten ein sehr strenges Noviziat. Wenn ich meinen deutschen Mitbrüdern davon erzählt habe, sagten die immer: Wann hast denn du dein Noviziat gemacht? War das 1720?

Wie sah der Tagesablauf aus?

Morgens, früh aufstehen. Messe, beten im Zimmer, Frühstück im Stillschweigen. Abends, nach dem Abendessen, eine halbe Stunde spazieren, dann Stillschweigen. Wir mussten jeden Tag zweieinhalb Stunden körperlich arbeiten. Es gab dort einen eigenen Bauernhof, aber als ich dort hinkam, war ich keine Hilfe, weil ich nichts konnte. Der zuständige Bruder hat deswegen darum gebeten, mich nicht mehr auf den Hof zu schicken. Stattdessen bekam ich die Aufgabe, die Toiletten im ganzen Exerzitienhaus zu putzen. Seitdem bin ich sehr gut im Putzen – das ist etwas, was ich gelernt habe.

Sie haben über die ersten Jahre Ihrer Glaubensbiografie berichtet: Ist der Glaube mehr Erfahrung oder mehr Entscheidung?

Der Glaube ist eine Entscheidung, die aus der Erfahrung erwächst. Die ignatianische Spiritualität ist eine Spiritualität der Entscheidungen. Ignatius spricht immer von der *intention droite*, davon, die richtige Intention zu haben. Das hat mit den Entscheidungen zu tun.

Nach Ihrer Berufung gab es eine weitere große Entscheidung: Japan. Wie kam es dazu?

Von meinem Freund Stephan Rothlin bekam ich einen Brief aus Innsbruck. Er berichtete vom Besuch eines Paters aus der japanischen Provinz. Er habe Werbung für Japan gemacht, sie suchten junge Jesuiten für Asien. Und mein Freund schrieb: Ich habe sofort an dich gedacht. Ich habe als Erstes gedacht: Ist der verrückt, warum geht er nicht selber? Aber von da an hatte ich Japan im Kopf und wurde den Gedanken an das Land nicht mehr los. Und ich war mir innerlich schnell sicher, so dass ich zum Novizenmeister gegangen bin. Ich will nach Japan, habe ich ihm gesagt. Doch der Novizenmeister hat natürlich erst einmal etwas Luft rausgelassen: Schauen wir mal, so schnell geht das alles nicht, hat er gesagt. Ich habe dann noch nach Rom geschrieben, aber auch von da nur eine abwiegelnde Antwort bekommen. Ich solle den Wunsch in meinem Herzen wachsen lassen, hieß es. Erst einmal sollte ich mein Praktikum in Luxemburg machen. Ich war etwas enttäuscht. Ich hätte gerne weiter studiert und Theologie betrieben, damals. Aber die belgischen Jesuiten, zu denen ich gehörte, hatten es anscheinend nicht so damit, den Novizen Theologie studieren zu lassen.

Was kam dann?

Ich wurde 1983 als Lehrer in eine Mädchenschule geschickt, um Religionsunterricht zu geben.

Einen nicht geweihten Ordensmann in eine Mädchenschule zu schicken, ist das nicht etwas gefährlich?

(Lacht) Nein, das war nicht gefährlich. Das war eine sehr schöne Zeit. Ich hatte zwar am Anfang etwas Angst, als junger Mann vor den achtzehnjährigen Mädchen zu stehen, aber das ging dann sehr gut. Ich habe manchmal Spaghetti gekocht und die Mädchen brachten ihre Freunde mit – und manchmal ein Dessert.

2.

Das Lächeln des Buddha

Japan und die weite Welt der Religionen

Was wurde aus der Idee mit Japan?

Irgendwann traf ich dann den Provinzial, der mir sagte: Vergiss Japan. Deine Zukunft ist Luxemburg. Und zwar möchte ich, dass du Spiritual für die Priester und Seminaristen wirst. Ich habe das als riesige Last empfunden, die er mir auferlegt hatte. In heiligem Gehorsam wollte ich das annehmen. Aber irgendwie kam mir immer wieder Japan in den Sinn. Ganz frech habe ich an den General geschrieben: Der Provinzial sagt, mein Ort sei Luxemburg, aber ich denke, dass Gott mich nach Japan ruft. Dann kam eine Antwort vom Jesuiten-General Hans Kolvenbach. Es sei noch nichts entschieden, weder Japan noch Luxemburg. Ich solle zuerst mein zweites Jahr in Luxemburg absolvieren. Dann hörte ich nichts mehr und dachte, er hat mich vergessen. Und dann der Paukenschlag! Im Juli bekam ich einen Brief: Deine Sprachschule für Japanisch beginnt am 1. September 1985.

Japan war dann aber noch einmal ein Schock für Ihre Eltern?

Ja, als ich zu den Jesuiten ging, war ein Gegenargument meiner Mutter: Nachher gehst du noch in die Mission! Ich sagte damals: Da kannst du beruhigt sein, das mache ich nicht. Und zwei Jahre später war ich auf dem Weg nach Tokio mit nicht mehr als 20 Kilogramm Gepäck. Mein weitester Flug war bisher nach Rom gewesen. Nun flog ich von Amsterdam an das andere Ende der Welt. Meine Eltern, viele Freunde und viele Jesuiten haben mich bis dahin begleitet. 20 Kilogramm sind nicht viel. Ich habe einen Mantel genommen und in alle Taschen Bücher gesteckt, um mehr Literatur mitnehmen zu können. Die schauten mich am Flughafen dann wie einen Marsmenschen an, weil es an dem Tag doch sehr heiß war.

Gab es da einen Direktflug?

Nein, es lief anders. Ich bin über Bangkok geflogen, zunächst mit dem Ziel Philippinen, wo ein Jesuit, den ich kannte, in einem Flüchtlingslager arbeitete. Eine Woche war ich in dem Flüchtlingslager, dann bin ich zurück nach Bangkok, von da aus dann nach Tokio. Ich habe mich überhaupt nicht ausgekannt. Ich suchte überall die Flüge nach Tokio, doch der Name des Flughafens von Tokio ist Narita. Ich musste dann mit meinem schlechten Englisch fragen, wo der Abflug nach Tokio ist. Und die dachten wahrscheinlich: ein Spinner mit einem langen Mantel voller Bücher …

Welche Bücher waren in den Taschen?

Es waren Romane, und ich hatte den »Grundkurs des Glaubens« von Rahner dabei. In Tokio wurde ich von einem Mitbruder abgeholt. Dann waren wir fast vier Stunden mit dem Auto unterwegs zu unserm Quartier. Alles war fremd. Ich konnte keine Schilder lesen, verstand nichts. Und ich sah immer nur Stadt, Stadt, Stadt. Es war ein großes Haus, in dem wir untergebracht waren. Zu sechst haben wir angefangen, Japanisch zu lernen. Das war eine sehr heterogene Gruppe, alles Jesuiten, aber man merkte schnell, wie wir völlig unterschiedlich geprägt waren. Es war ein Franzose, ein Inder aus Kerala – sein Englisch habe ich am Anfang überhaupt nicht verstanden –, zwei Argentinier. Einer von ihnen – der Vater Türke, die Mutter Polin – war in Kanada aufgewachsen und dann in eine italienische Jesuiten-Provinz eingetreten.

Wie haben Sie sich am Anfang in Japan gefühlt?

Ich schämte mich immer während des Essens, hatte Angst, dass mich jemand anspricht, weil ich nicht verstanden habe, was gesagt wurde. Ich fühlte mich schrecklich einsam am Anfang. Aber ich dachte, so muss sich auch Franz Xaver gefühlt haben. Mein Gebet war: Herr, zeig mir, wo Du schon in Japan präsent bist. Es war klar, dass ich nicht einfach sagen konnte: Jetzt verkündige ich euch mal das Evangelium. Gott ist ja auch in der japanischen Kultur präsent, das wollte ich zunächst entdecken.

Und war Ihnen das Umfeld der Jesuiten in Japan wenigstens vertraut?

Nein, es waren harte Zeiten. Ich komme aus einem altmodischen luxemburgischen Katholizismus, aus dem kleinen Ort Vianden, und war an eine Frömmigkeit mit Prozessionen, Andachten, Liedern gewöhnt – und plötzlich war das alles weg. Ich fühlte mich meines Glaubens beraubt. Die Dinge, auf die ich zählte, waren weg. Und so stand ich vor der Wahl: Entweder ich gehe zurück nach Europa oder tauche ein ins Wasser, in unbekanntes Terrain, aber im Glauben an Gott. Und genau das habe ich getan.

Wurden Sie von jemandem dazu inspiriert, den Sprung zu wagen, oder hatten Sie das Gefühl, dass dies der einzig richtige Weg war?

Das war für mich die einzige Möglichkeit. In religiöser Hinsicht empfand ich alles zunächst als ziemlich öde. Es war so anders als das religiöse Leben, das ich in Europa kennengelernt hatte. Es gab Momente, in denen ich mit einer Strenge konfrontiert wurde und kein Vertrauen gespürt habe. Als ich etwa ein Buch kaufen wollte, fragte mich der Mitbruder, der für die materiellen Angelegenheiten zuständig war, wie viel das Buch koste. Ich ging in den Buchladen, um den Preis herauszufinden: 768 Yen. Der Bruder gab mir dann den genauen Betrag, keinen Yen mehr oder weniger, und ich musste ihm die Quittung bringen. Ich dachte damals wirklich, dass ich es in dieser Enge nicht schaffen würde. Wenn man abends ausgehen wollte, musste man den Oberen um Erlaubnis bitten. Nur im Noviziat wurde ich genauso behandelt.

Es war also strenger als das, was Sie zuvor erlebt hatten?

Oh ja, es war viel strenger!

Wieso herrscht in der Gemeinschaft in Japan diese Strenge?

Ich gewisser Weise war die Gemeinschaft so geblieben, wie die Väter sie einmal gegründet hatten. Wir wurden in kleine Gruppen eingeteilt: die Philosophen, die Theologen und diejenigen, die Japanisch lernten. Alles fand auf Japanisch statt, auch die tägliche Messe zum Beispiel. Doch hinzu kamen die unterschiedlichen Akzente der Ausländer, die dort waren. Wenn die Amerikaner oder die Argentinier in unserer Gemeinschaft Japanisch sprachen, habe ich gar nichts mehr verstanden. Das führte dazu, dass wir im Grunde keine richtige Gemeinschaft waren und keine geistliche Nahrung im Glauben bekamen. Jeder musste mit sich selber zurechtkommen.

War nicht der spätere General der Gesellschaft, Pater Adolfo Nicolás, zu dieser Zeit in Japan?

Ja, er war sogar mein Lehrer, er war Professor für Sakramententheologie. Und das Erste, was er zu mir sagte, war: Kommen Sie nicht zu meinen Vorlesungen, kommen Sie in mein Büro. Ich ging in sein Büro und er hatte dort drei Stapel Bücher liegen. Er sagte: Das ist die deutsche Sakramententheologie. Das ist die französische Sakramententheologie. Das ist die amerikanische Sakramententheologie. Lesen Sie alles, und dann reden wir weiter. Ich war überglücklich, denn dieses Erlebnis hatte mich in diesem Moment gestärkt, weil meine intellektuelle Neugierde befriedigt wurde. Natürlich kannte ich die deutsche Theologie bereits aus meiner Zeit in Rom, aber ich hatte keine Ahnung von der Bedeutung des Symbolischen innerhalb der französischen Theologie oder der Pragmatik der amerikanischen Theologie. Das war alles neu für mich und ich glaube, ich habe davon profitiert, nicht nur in einem System denken zu können.

Was waren Ihre Entdeckungen in der Zeit in Japan?

Zuerst habe ich Gott in der Schönheit der Tempel entdeckt. Das Lächeln des Buddha hat mich fasziniert. Ein Lächeln, das wirklichen Frieden bedeutet. Aber als ich dann die Sprache sprechen konnte, habe ich natürlich auch die postmoderne japanische Kultur kennengelernt. Ich habe immer viel Zeit mit den Studenten verbracht, die nichts vom Buddhismus wissen. Japan ist weit säkularisierter als Europa.

Sie haben sich mit dem Buddhismus auseinandergesetzt? Auch mit dem Shintoismus?

Mit dem Shintoismus habe ich mich nicht ganz so intensiv beschäftigt. Aber die Riten haben mich fasziniert. Wenn man den großen Shinto-Schrein besucht, hört man schon draußen, wenn gebetet wird, die Trommeln. Das klingt dann ganz mystisch. Aber die Schönheit des großen Buddha, das war für mich die perfekte Harmonie. Der ruht in sich und strahlt einen ungeheuren Frieden aus. Da dachte ich, Gott ist da präsent.

Im Buddhismus?

Ja!

War das für Sie ein schwieriger Gedanke?

Nein. Ich hatte vorher viel gelesen über Japan, viele dicke Wälzer, die mich fasziniert haben. Ich hatte deshalb ein Vorwissen über den japanischen Buddhismus – und wurde dann mit der Realität konfrontiert. Denn ich fand heraus, dass die meisten Japaner heute nichts mehr über Buddhismus wissen. Aber er ist Teil der Kultur. Wenn man zum Beispiel sagen will, dass jemand gestorben ist, sagt man in einer antiquierten Ausdrucksweise: Er wurde zum Buddha.

Zunächst gingen Sie als Student nach Japan. Später waren Sie dann Professor an der katholischen Sophia-Universität in Tokio. Warum gibt es in Tokio eine katholische Universität?

Die Sophia-Universität ist im Auftrag von Papst Pius X. gegründet worden. Bis nach dem Zweiten Weltkrieg war das eine sehr kleine Universität. Zunächst waren die Bereiche auch noch getrennt, eine Universität für Frauen, eine für Männer. Die Jesuiten waren für die Männer zuständig, für die Frauen waren es die Sacré-Cœur-Schwestern, an deren Universität die emeritierte Kaiserin studiert hat. Inzwischen ist die Uni stark gewachsen. Und es ist keine Universität für Katholiken. Es gäbe in Japan gar nicht genug Katholiken, um eine ganze Universität zu bevölkern. Aber die Universität ist katholisch und die Japaner sind alle stolz, an einer katholischen Universität zu sein.

Was bedeutet Japan für Sie?

Für mich ist Japan, wie schon öfters gesagt wurde, die andere Moderne. Zuerst denkt man, dass alles ähnlich ist, weil die Leute wie wir gekleidet sind und so weiter. Aber je länger man dort ist, je mehr sieht man, dass alles anders ist. Wir reflektieren jeweils auf eine andere Art und Weise. Es ist ein bisschen, wie wenn man durch ein Prisma schaut. Japan schaut anders auf die Welt.

Und in Ihrem täglichen Leben als Bischof und Kardinal ist dieser Erfahrungsschatz heute präsent?

Ich glaube schon. Ich bin ein Bischof, der aus Japan kommt, und ich glaube, viele in Luxemburg haben das noch nicht ganz verstanden. Als ich zurückkam, war ich verändert. Ich bin nicht einfach nur in mein Land zurückgekehrt. Ich denke, dass diese Erfahrungen mir einen anderen Denk- und Beurteilungshorizont geschenkt haben, der natürlich nicht der einzig mögliche ist. Ich sage nicht, dass man Japan erlebt haben muss, um Bischof zu werden. Aber mir hilft es sehr. Konkret habe ich manchmal noch die Reflexe von damals, als ich in Japan war. Es fällt mir zum Beispiel manches Mal sehr schwer, nein zu sagen. Manchmal tue ich mich auch noch schwer mit dieser brutalen Klarheit, mit der Dinge in Europa formuliert werden.

Was verbindet man in Japan mit dem Katholizismus?

Tatsächlich auch eine gewisse Moderne.

Was halten die Japaner denn für das Moderne am Katholizismus?

Zum Beispiel, dass eine Ehe auf Liebe gegründet sein sollte. Wir haben sehr viele Hochzeiten in unserer Uni-Kapelle gehabt. In meinen Uni-Kursen hatte ich viele junge Männer und Frauen, die heiraten wollten, so habe ich fast jedes Wochenende ein oder zwei Hochzeiten zu feiern gehabt. Wir hatten die Erlaubnis in Japan, auch Nichtkatholiken in der Kirche trauen zu dürfen. Und das war für viele dort attraktiv, und so kamen viele zu uns.

Aber Sie haben gesagt, Japan sei so säkular. Ist denn die Vorstellung der Liebesheirat nicht common sense?

Nein, überhaupt nicht. Die Interessen müssen abgeglichen sein, das ist die vorherrschende Meinung. Man muss aus derselben sozialen Schicht kommen, der Mann muss etwas verdienen, es muss vielleicht einen gewissen Konsens in der Familie geben.

Wer kann überhaupt an der Sophia-Universität studieren?

Im Prinzip jeder, der sich bei Aufnahmeprüfungen qualifiziert, wie in ganz Japan. Man muss sich für jede Abteilung gesondert bewerben. Die Aufnahmeprüfungen dauern eine ganze Woche, weil so viele Leute kommen. Dann ist jeder ganz nervös, alles muss klappen. Es gibt heute ungefähr 13.000 Studenten. Die Hälfte der Studenten wird über Empfehlungen aufgenommen, denn einige Schulen haben das Recht und die Pflicht, einen Studenten oder eine Studentin zu entsenden, wenn diese einen gewissen Notendurchschnitt haben.

Ist die Kirche oder der Jesuiten-Orden Träger der Universität?

Nein, weder noch, die Universität trägt sich selbst.

Wie wird denn sozusagen das Katholische sichergestellt. Doch nicht nur dadurch, dass man katholische Professoren hat?

Nein, das ist unmöglich. Wo wollte man so viele katholische Professoren finden? Wir wollen die Stellen ja auch mit den Besten besetzen. Man kann nicht einen weniger begabten Katholiken nehmen und dafür einen begabten Nicht-Katholiken ablehnen. Die Fakultäten und die Abteilungen bestimmen, welche Professoren genommen werden. Aber es gibt ein eigenes katholisches Zentrum, dessen Rektor ich ein paar Jahre lang war. Wir machen Einführungen in die katholische Glaubens- und Lebenswelt für alle neuen Lehrkräfte, auch die Beamten der Universität machen eine solche Schulung. Es gibt einen Pflichtkurs im Studium Generale für die Studenten: Sie können das Fach Christliche Anthropologie belegen oder auch eine Einführung in die Bibel, die durchaus auf Interesse stößt. Im Übrigen ist die Uni dafür bekannt, dass viele intelligente Frauen bei uns studieren. Insgesamt sind es mehr Frauen als Männer.

Ist denn die japanische Gesellschaft vergleichbar mit der europäischen, was die Gleichberechtigung von Frauen angeht?

Oh nein, Frauen sind in Japan vor allem in der Politik viel weniger gleichberechtigt. Im akademischen Bereich ist es etwas anders. Immerhin hat Tokio momentan eine Gouverneurin, die an unserer Universität studiert hat. Wir sind für das Hochhalten der Rechte von Frauen bekannt; das wird auch mit dem Katholizismus verbunden. Da werden hier in Europa viele staunen.

Wie sind Sie mit dem kulturellen Unterschied zwischen Europa und Japan umgegangen?

Ich habe als Professor in Japan mit meinen Studenten viele Reisen unternommen. Reisen verbindet und man lernt mehr als im Vorlesungssaal. Zuerst nach Europa, immer sechs Wochen lang. Aber das fing irgendwann an, mich zu langweilen: immer wieder den Eiffelturm und ähnliche Sehenswürdigkeiten besuchen. Als es mit den Reisen anfing, bekamen Mädchen keine Erlaubnis von den Eltern, nach Europa zu reisen, außer eben bei einer Reise, die der Professor organisierte. Aber das änderte sich dann: Sie reisten zu zweit oder zu dritt nach Europa, was auch nicht schlecht war. Ich wollte dann lieber etwas organisieren, was ihnen auf ihrem Lebensweg hilft, und habe zu Reisen nach Thailand eingeladen. Erst ein paar Tage Bangkok, dann ging es in den Norden. Wir haben den Nachtzug genommen nach

Chiang Mai und von da aus nach Mae Hong Son. Das war ein Abenteuer. Es gibt zwar Flugzeuge, aber bei schlechtem Wetter konnten die nicht fliegen – und es war fast immer schlechtes Wetter. Dann über die Straße, da braucht man einen ganzen Tag. Das ist eine Bergstraße, wo dann plötzlich ein Büffel auf der Straße liegt.

Warum reist ein Luxemburger Jesuit mit seinen japanischen Studenten nach Thailand?

Eben genau wegen der Säkularisierung. Wenn ich dort mit meinen Studenten in einen Tempel ging, war das faszinierend. Sie fragten mich: Was ist das, Buddhismus? Und ich sagte ihnen: Ich sollte euch fragen. Ihr seid Buddhisten, zumindest offiziell. Ich bin gar kein Buddhist. Dann kamen wir ganz generell auf Religion zu sprechen. Das waren sehr schöne Erlebnisse.

Wie wird das Katholische dabei wahrgenommen?

Obwohl die Katholiken eine verschwindende Minderheit sind, genießen sie Ansehen und Respekt. Nicht-katholische Japaner haben uns geholfen, an Weihnachten eine Krippe aufzubauen oder haben auch sonst bei der Organisation in der Gemeinde mitgeholfen. Aber vor allem habe ich gemerkt, dass sie etwas anderes in mir als katholischem Priester sehen, nicht nur etwas Fremdes. Ich gebe ein Beispiel: Es gab einen Shaolin-Tempel, dort wurde die chinesische Kampfsportart

Shaolin praktiziert. Sie fragten mich, ob ich ihr Begleiter werden wolle, obwohl ich ganz unsportlich bin. Vielmehr sollte ich ihnen das Wesen ihres Sportes erklären, so meinten sie. Sie wandten sich also an einen katholischen Priester, um vermittelt zu bekommen, was sie in diesem Kampfsport vollziehen. Das war für mich eine ganz wunderbare Aufgabe.

Und was ist das Wesen von Shaolin?

Der Shaolin-Kämpfer wird eins mit der Bewegung. Und wenn man eins ist mit der Bewegung, ist man mit allem verbunden. Dieser Zustand führt dann zu Satori, einer Art Erleuchtung, der Erkenntnis vom umfassenden Urgrund allen Daseins. Das ist der Kern des Buddhismus.

Das heißt, Sie haben in Japan gelernt oder auch gelehrt, dass die Religionen untereinander mehr verbindet als die verschiedenen Strömungen der säkularen Welt?

Oh ja, das wurde mir immer mehr klar. Schon in den ersten Jahren in Japan war ich ganz beeindruckt von der buddhistischen Welt. Uns besuchte Kardinal Paul Poupard, der Präsident des Päpstlichen Kulturrates. Er sollte einen Brief des Papstes an den Abt des Klosters Mii-dera bringen. Das ist der Hauptsitz des Tendai-Buddhismus in Japan. Ich war dem römischen Kardinal als Helfer und Übersetzer an die Seite gestellt. Ich war dann dabei, als er das Oberhaupt von Tendai traf. Das hat mich ungeheuer beeindruckt. Diese alte buddhistische Religion, in Japan würde man eher Sekte sagen, ist nicht sehr groß, aber sie hat ein hohes Ansehen, weil die meisten andern buddhistischen Strömungen aus dem Tendai-Buddhismus hervorgegangen sind. Sie haben eine große Halle, in der sie der vielen Abspaltungen gedenken. Sie sind sehr stolz auf Persönlichkeiten, die einmal zu ihnen gehört und dann einen anderen Buddhismus gegründet haben. Das ist so, als würde man in der Vorhalle des Petersdoms Statuen von Luther, Calvin und Zwingli aufstellen.

Wie war die Begegnung mit diesem obersten Tendai-Mönch?

Dieser Chef des Tendai hat mich ungeheuer beeindruckt. Der Frieden, den er ausstrahlte, hat mich berührt. Man fühlte sich sofort mit ihm eins und verbunden. Etwas, das man durch Worte schwer ausdrücken kann. Und dieses Gefühl der Verbundenheit war beidseitig.

Was für ein Gespräch gibt es da? Es gibt doch keine Gottesvorstellung im Buddhismus, oder?

Jein – würde ich sagen. Ich glaube, dass es die wohl gibt. Es ist eine Art *theologia negativa*. Was der Buddhismus »wu«, das Nichts, und »ku«, die Leere, nennt, ist doch ganz nah bei unserem Gottesbegriff. Das »nicht« des Nichts ist nicht das Nichts im europäischen Sinne. Um es mit der Hegelschen Dialektik zu sagen, es ist eine Aufhebung des Seins und des Nicht-Seins.

Wie also sollten wir auf den Buddhismus schauen?

In der Tat kann ein Vergleich mit dem Christentum in die Irre führen. Ich habe Hans Küng für seine Parallelisierungen kritisiert, obwohl ich dessen Theologie zum Teil sehr schätze. Aber beim Buddhismus ist er viel zu oberflächlich geblieben. Er liest den Buddhismus sozusagen auf Deutsch, aber es gibt keine entsprechenden buddhistischen Vorstellungen. Wenn man mit christlichen Begriffen das Andere interpretiert, droht im Grunde ein Missbrauch. Viel schwieriger, aber durchaus nötig ist es, zunächst den Anderen aus sich heraus zu verstehen: die Barmherzigkeit des Buddha etwa. Die Barmherzigkeit des Buddha ist wie ein Naturgesetz. Der Buddha kann nicht anders, als barmherzig zu sein.

Es ist keine Willensentscheidung zur Barmherzigkeit?

Nein, es gibt da keinen Willen und auch keine Freiheit in unserem Sinne.

Als Christen meinen wir ja auch immer etwas überheblich, dass die buddhistische Vorstellung den freien Menschen so nicht kennt.

Es gibt durchaus moderne Buddhisten, die versuchen, das Denken weiterzuentwickeln. Die Buddhisten haben im Grunde dasselbe Problem wie wir: Die Welt, in der der Buddhismus entstanden ist, gibt es nicht mehr. Auch sie müssen die buddhistische Gedankenwelt in der heutigen Zeit entdecken und neu ausdrücken. Das ist eine große Herausforderung für alle.

Was ist mit asiatischen religiösen Praktiken, die nach Europa importiert wurden?

Sie sind sicherlich kein Problem, aber man muss mit Augenmaß vorgehen. Ich glaube, dass viele Menschen in Europa diese Methoden praktizieren, ohne zu wissen, was sie bedeuten, und ohne eine Vorstellung von der Disziplin zu haben, die sie erfordern. Es handelt sich um einen langen Weg. Ich habe Zen praktiziert und bin in eine Zen-Sesshin gegangen, das war sehr schmerzhaft für mich. Sechs Stunden am Tag sitzen, meine Beine taten danach weh. Ich konnte nur auf einem gekreuzten Bein sitzen. Als der Meister, Pater Kadowaki, läutete, standen alle auf, um sich zu bewegen – außer mir, denn meine Beine waren eingeschlafen. Ich musste warten, bis das Blut in meinen unteren Gliedmaßen wieder zirkulierte. Diese Erfahrung war sehr hilfreich. Nur so konnte ich den Kopf frei bekommen. Das ist wichtig. Es gibt ein Sprichwort für Zen-Praktizierende: Wenn du den Buddha auf der Straße triffst, töte ihn. Das bedeutet, dass das Religiöse etwas sein kann, das uns daran hindert, in der Religion voranzukommen. Genau das habe ich gelernt, als ich viele dieser Religionen beobachtet habe. Wenn du wahren Zen-Buddhismus praktizierst, vereinigst du dich mit Buddha, indem du ins Nichts gehst: denn Buddha existiert nicht. Du vereinigst dich also mit ihm und hast Erleuchtung, und es ist nicht gegen Buddha, was du tust.

Aber der Buddha, den du dir vorstellst, hindert dich daran, dich dem wahren Buddha zu nähern. Und oft hindert mich die Religion, die ich mir vorstelle, die eingebildete, gedachte Religion daran, zur Quelle des Lebens, zu Gott zu gehen. Pater Kadowaki war ein wahrer Zen-Meister, aber ich glaube, dass sein Meister wiederum ihn irgendwann nicht mehr als solchen anerkannte, weil ein Christ keine Erleuchtung haben kann. Das Ziel des Buddhismus ist es, zu erkennen, dass ich nicht existiere. Dann sind alle meine Probleme gelöst, weil sie alle mit der Illusion zu tun haben, dass ich existiere. Aber Christen, so glaube ich, haben die Erleuchtung als eine Erfahrung mit Christus. Mein spiritueller Vater war einige Jahre lang Pater William Johnston, der mir, ohne mit mir über Zen zu sprechen, sagte: Setz dich hin, wende die Techniken an und sieh, was passiert. In diesem Sinne war er viel offener, viel fernöstlicher, wenn man so will.

Was können wir als Katholiken von den östlichen Techniken übernehmen?

Es gibt Meditationstechniken, die im Osten entwickelt wurden und eine Hilfe für mein christliches Gebet sein können. Wenn ich mich einer anderen Religion nähere, finde ich das immer bewundernswert und bereichernd. Ich bin fasziniert und blicke anders auf mich selbst, auf mich selbst als Christ. Das bedeutet, dass der interreligiöse Dialog mir hilft, in der heutigen Welt ein Christ zu sein. Ich war nie in der Versuchung, Buddhist, Moslem oder sonst etwas anderes zu werden. Ich fühle mich sehr wohl, so wie ich bin; ich könnte nicht einmal Protestant sein. Ich bin ganz und gar katholisch, ich könnte nichts anderes sein. Alles andere hieße, mich selbst und meine ganze Geschichte zu verleugnen. Aber ich finde es immer bereichernd, Schwestern und Brüder zu sehen, die anders glauben. Dadurch kann ich authentischer sein in dem, was ich anstrebe. Unsere Theologie der Religionen sollte dem mehr Rechnung tragen. Die Theologien der Religionen sind zu sehr Spiegelbilder einer »christlichen Welt« oder einer »buddhistischen Welt« – aber diese Welten existieren als solche nicht mehr! Wir müssen also zu einer echten Theologie der Religionen erst noch finden.

Wie kann man da den Katholizismus in Japan beschreiben?

Die Katholiken in Japan sind eine kleine Gruppe, die aber in der japanischen Gesellschaft sehr hoch angesehen ist. Es gibt soziologisch zwei Katholizismen: den von Nagasaki, das sind ganz normale Leute, und den in Tokio, das sind eher die Studierten, also die gehobene Gesellschaft.

Der japanische Schriftsteller Endō Shūsaku, der 1996 gestorben ist, war Katholik und ebenfalls sehr angesehen. Was hat seinen Katholizismus ausgezeichnet?

Der Katholizismus in Japan ist eine Minderheit, so dass es Endō wahrscheinlich in Phasen seines Lebens auch peinlich war, seinen Freunden zu sagen, dass er katholisch ist – nicht aber am Ende seines Lebens. Es war letztlich ein sehr persönlicher Katholizismus. Die Katholiken von Nagasaki, die Nachkommen der Verfolgten, schätzen Endō nicht, und zwar genau wegen seines freien Umgangs mit seiner katholischen Identität.

Ein Katholik von Endōs Format wird also von manchen bereits als Verräter angesehen?

Ja, denn Endōs Christentum beruht auf einem individuell geprägten Selbstverständnis. In Nagasaki hingegen ist der Katholizismus traditioneller, es handelt sich um ein in sich geschlosseneres Christentum. Ich erinnere mich, dass ich als junger Jesuit in Nagasaki war, um einen mexikanischen Jesuiten-Pater zu vertreten, der für einen Monat in sein Heimatland zurückgekehrt war. Er betrieb eine Art Jugendherberge. Bei der Werktagsmesse um sieben Uhr morgens waren achtzig Kinder anwesend, und natürlich waren sie alle Katholiken. Die Katholiken und Priester in Nagasaki halten Tokio für etwas zu »offen«, während sie in Nagasaki glauben, die Erben des wahren Katholizismus zu sein.

Wie wirkt dieser Katholizismus heute auf die japanische Gesellschaft? Wie muss ich mir das bei einer so säkularen Gesellschaft vorstellen? Wird der Katholizismus als eine Abwendung von der modernen japanischen Gesellschaft gesehen?

Nein, der Katholizismus wird als eher mit der modernen Gesellschaft vereinbar angesehen als andere Religionen.

Haben Sie ein Beispiel?

Die Frauen fühlen, dass der Katholizismus die Frauen weit höher schätzt als die traditionellen Religionen. Das ist ganz verblüffend, wenn man die Debatten in Europa verfolgt. Zunächst gab es in der Shinto-Religion auch Priesterinnen, es gab auch eine Göttin. Aber mit dem Buddhismus wurde die Frau zurückgedrängt. Es gab dann auch keine Kaiserinnen mehr wie am Anfang in Japan. Bei der Seelenwanderung im traditionellen Hinduismus und Buddhismus ist die Frau eine niedrigere Wiedergeburtsform als der Mann. Und dann kommt hinzu, dass es viele Ordensschwestern in Japan gibt, die sehr intelligent sind, eine gute Ausbildung haben und manches Mal den Priestern weit überlegen sind. Sie werden sehr geschätzt und vermitteln so ein eigenes Bild des Katholizismus.

Aber die vielen Jahre in Japan waren für Sie doch insgesamt eine Erfahrung von noch stärkerer Säkularisierung als Sie es von zuhause kannten, oder?

Ja, aber es war eine wichtige, eine gute Erfahrung. Als ich dann 2011 endgültig zurück nach Europa kam und Erzbischof wurde, merkte ich, wie stark Luxemburg sich verändert hatte. Und dass Japan eine sehr gute Vorbereitung für Europa war.

Was für eine Schlussfolgerung ziehen Sie: Sollte das Christentum mehr Elite sein als eine Massenbewegung?

Nein, so einfach ist es nicht. Wir müssen allen Leuten das Evangelium verkünden. Und wir müssen eine Sprache finden, die die Leute verstehen. Wir verkünden das Evangelium ja nicht mehr, wir evangelisieren nicht mehr. Wenn von Verkündigung die Rede ist, meint man die Predigt in der Kirche. Aber da kommen ja die meisten Leute gar nicht hin. Papst Franziskus eröffnet uns da neue Möglichkeiten: Wir sollen so leben, dass sich die Leute wieder für uns interessieren. Er sagt, dass das Evangelisieren zum Christentum gehört – wenn es notwendig ist, auch mit Worten. Aber das Wichtige sind nicht die Worte.

Welche Erkenntnis ziehen Sie aus Ihrer fernöstlichen Erfahrung für den interreligiösen Dialog?

Zunächst ist wichtig zu sagen, dass wir zum interreligiösen Dialog vom Evangelium her verpflichtet sind, immer und überall auf der Welt. Jesus hat mit allen gesprochen, auch über die Grenzen seiner Gemeinschaft hinaus. Diese Aufgabe ist heute umso drängender, weil wir in einer globalisierten und pluralisierten Welt leben. Das habe ich insbesondere in Japan gelernt. Wir erinnern uns an historische Zeiten, in denen mehr oder weniger jede Religion ihren oder jeder Glauben seinen eigenen Kulturkreis hatte. Aus dieser Zeit stammen Erklärungsmuster und Theologien, die diese Abgrenzung der Religionen quasi erklärt und legitimiert haben. Doch heute funktioniert diese Abgrenzung nicht mehr, sie ist sogar falsch. Unsere Maxime muss die Geschwisterlichkeit aller Menschen sein.

Papst Franziskus hat mit der Erklärung von Abu Dhabi ein neues Kapitel im Gespräch mit den Muslimen aufgeschlagen. Dennoch bleibt es bei einer Fremdheit und teilweise auch Feindseligkeit in den Beziehungen. Wie muss sich das Verhältnis zum Islam entwickeln? Müssen wir uns kritiklos gegenseitig annehmen?

Keineswegs müssen wir uns kritiklos gegenseitig begegnen. Aber es geht um Gegenseitigkeit. Auch wir müssen die Kritik der Anderen aushalten. Wir Christen sind im Verlauf der Geschichte nicht immer nur die Guten gewesen. Im Namen Christi wurde auch verfolgt, Krieg geführt, verbrannt und getötet. Das entspricht sicher nicht dem Evangelium, sondern ist die Folge von Dominanz, die in die Irre geführt hat. Diese Erfahrung gibt es auch in anderen Religionen, aber wir müssen hier unsere eigene Geschichte kennen.

Diese Schuldgeschichte zeigt sich insbesondere in der Beziehung der Christen und der Kirche zum Judentum. Gibt es bei Ihnen biografisch da eine Entwicklung, was die Sicht auf unsere »älteren Brüder und Schwestern« angeht?

Die Besonderheit meiner Luxemburger Kindheit war, dass ich von klein auf das Jüdische kannte. Wenn wir in der Stadt waren, gingen wir an der Synagoge vorbei, ich betrachtete das schon mit Staunen, aber ich wusste, dass Juden unter uns lebten und leben, dass es diese andere Glaubensgemeinschaft gibt. Natürlich war mir auch durch den Religionsunterricht und die Bibellektüre das Judentum nicht so unbekannt, es war mir sogar etwas vertraut. Fremd waren mir in meiner Kindheit hingegen die Protestanten. Die Juden waren eine Selbstverständlichkeit, die Protestanten hingegen so etwas wie die Exoten.

Wie ist Ihre Beziehung heute zum Judentum?

Wir haben in Luxemburg ein herzliches Verhältnis zur jüdischen Gemeinde. In den Auseinandersetzungen mit dem Staat etwa haben wir gemeinsam agiert. Das war nicht selbstverständlich und dafür bin ich sehr dankbar. Ich habe bei meinem ersten Besuch als Erzbischof in der Synagoge ein Schuldbekenntnis abgelegt für die Verantwortung der Christen an den Schandtaten gegen das jüdische Volk. Häufig wird vergessen, dass der Judenhass auch in der Sprache und den Publikationen der Kirche vor dem Krieg mitunter schon angelegt und gepflegt worden ist.

Es gibt einen wachsenden Antisemitismus in Europa, haben die Christen daran ihren Anteil? Was muss passieren?

Heute gibt es unter den Christen nicht mehr viele Antisemiten, aber natürlich gibt es immer noch welche, die das Problem nicht verstehen wollen. Wir müssen als Kirche immer und zu jeder Zeit ganz klar an der Seite unserer jüdischen Brüder und Schwestern stehen. Wir dürfen niemals wieder tatenlos zusehen, wenn Juden und Jüdinnen in Bedrängnis geraten.

Was wünschen Sie sich für den christlich-jüdischen Dialog, der ja manchmal schon etwas erlahmt zu sein scheint?

Hier geht es um viel mehr als um Dialog. Israel ist das auserwählte Volk. Und Gott ist treu: Das bedeutet, Israel bleibt das auserwählte Volk. Die Synagoge ist unsere Mutter. Ich glaube an Jesus Christus, aber Jesus ist als Jude aufgewachsen, als Jude ist der Gottessohn Mensch geworden. Gott hat die Religion des Judentums für die Menschwerdung auserwählt. Ich muss also diese Religion unseres Herrn achten und lieben.

3.

Der erzählte Christus und der Wandel der Welt

Studium in München und Demos in Bonn

Es gibt eine Zwischenetappe in Ihrer Biografie, die wir noch ausgelassen haben: die Zeit in Deutschland. Nach vier Jahren in Japan kamen Sie ausgerechnet 1989 nach Deutschland. Was war das Ziel?

Ich kam nach Deutschland, um zu studieren. Zunächst habe ich das theologische Lizenziat in Frankfurt gemacht. Dann ging ich nach München. Dort studierte ich Deutsch als Fremdsprache, ein Fach, zu dem Linguistik gehört, genauso wie Literatur und Kultur. Es war die Vorbereitung, um danach in der Abteilung für deutsche Studien an der katholischen Universität in Tokio unterrichten zu können.

Priester waren Sie noch nicht, als Sie nach Deutschland kamen?

Nein, ich wurde 1990 in Brüssel geweiht. Auch das ist eine ganz eigene Geschichte. Weil ich noch zur belgischen Jesuitenprovinz gehörte, sollte ich in Brüssel geweiht werden. Ich war gar nicht so erbaut darüber, weil ich nie dort gelebt hatte. Und dann fiel mein Weihedatum auch noch – mit zwei Tagen Differenz – fast zusammen mit meinem Diplomexamen. Ich dachte: Das geht gar nicht. Ich habe sofort dem Provinzial geschrieben. Ich dachte, er sagt: Na gut, lass dich in Frankfurt mit weihen. Oder in Luxemburg. Aber dann antwortete er mir: Ich habe mit deinem Rektor gesprochen, dein Examen wird um zwei Wochen vorgezogen. Natürlich war das erst einmal ein Schock, aber es hat sich als gut erwiesen. In den Studiengruppen, die sich auf das Examen vorbereitet haben, waren alle nervös. Es gab einen richtigen Prüfungsstress. Und ich war dann in keiner solchen Gruppe und habe die Prüfung, die über 60 Thesen ging, sogar genossen.

Was heißt »60 Thesen«?

Man musste über 60 Thesen sprechen können, die alle Bereiche der Theologie abdeckten. Ich fand das ungeheuer spannend. Die Thesen habe ich als sehr gut ausgewählt empfunden. Die ganze Theologie kam darin vor. Ich hatte Freude dabei, mich auf die Prüfung vorzubereiten.

Wer hat Sie damals geprägt?

Wichtig waren für mich Werner Löser und Erhard Kunz, der mein Gruppenpater war und den ich sehr gemocht habe. Auch Medard Kehl war mir wichtig und dann natürlich Norbert Lohfink: seine Vorlesung war ein Genuss.

Von 1990 bis 1994 waren Sie dann in München. Haben Sie dort den bayrischen Katholizismus kennengelernt?

Mit ihm hatte ich gar nicht so viel zu tun; an der Universität habe ich vielmehr festgestellt, dass es sehr viele protestantische Professoren gab. Es war für mich eine sehr schöne Zeit. Zunächst war ich ein Jahr im Bergmannskolleg, dort war ich Gruppenpater für die Philosophen. Das hat mir nicht besonders gut gefallen für meine Studienzeit. Dann bin ich umgezogen nach Nymphenburg, wo die Jesuiten auch einen Standort hatten. Ich erinnere mich noch gut: Es war ein moderner Betonbau, der mir sehr gut gefiel. Einige meiner Mitbrüder mochten es da gar nicht. Aber ich fand, das sei eine wunderschöne Architektur. Es gab große Fensterflächen, durch die man nur Grün sah. Für mein Studium war das genau der richtige Ort.

Worin bestand Ihre Arbeit in München?

Ich war in München sehr mit meinen Kommilitonen beschäftigt. Ich war Tutor, um sie auf die Zwischenprüfung vorzubereiten. Ich musste so etwas wie eine Minivorlesung halten, um den Stoff mit den ausländischen Studenten aufzuarbeiten.

Sie waren auch 1989/90 in Deutschland, eine geschichtsträchtige Zeit! Haben Sie die Ereignisse damals berührt?

Oh ja, ich habe das alles im Fernsehen verfolgt. Wenn wir dann Leute, die aus der DDR kamen, sahen, hatten wir das Gefühl: Wir sind mittendrin. Auch die deutschen Mitbrüder sprachen sehr viel darüber. Das habe ich als sehr, sehr spannend erlebt. Aber noch mehr berührt hat mich ein anderes welthistorisches Ereignis in der Zeit.

Welches Ereignis war das?

Das Massaker auf dem Platz des Himmlischen Friedens in Peking. Ich war in meiner Frankfurter Zeit auch an der Goethe-Universität in Germanistik eingeschrieben. Dort hatte ich viele chinesische Freunde. Zunächst bin ich mit nach Bonn gefahren und habe dort zusammen mit Freunden demonstriert. Später habe ich an einer Demo in Frankfurt mitgewirkt.

Mit wem haben Sie die organisiert?

Mit Leuten vom AStA, die waren eigentlich sehr links. Dennoch haben Sie mich gebeten, ein Gebet für die verstorbenen

Studenten zu sprechen. Für die war ich etwas Exotisches. Aber sie waren auch für mich exotisch. Erstaunlich war aber vor allem, dass meine chinesischen Freunde mitmachten. Das waren junge Dozenten von chinesischen Universitäten, die auch Parteimitglieder waren. Sie waren wütend über die Niederschlagung der Demokratiebewegung.

Dreißig Jahre später macht der Vatikan einen Vertrag mit China. Ist das richtig?

Ja. Und es geht nicht anders. Ich glaube, der Vatikan hat keinen Spielraum. Die Demokratiebewegung in Hongkong auch nicht. Ich habe von Katholiken in China die Sorge gehört: Wenn der Kardinal von Hongkong laut protestiert, gibt es eine Welle von Christenverfolgung in der Volksrepublik. Man muss sehr gut aufpassen, was man sagt, und gefährdet schnell Menschenleben.

Die in der Untergrundkirche ausgeharrt haben, fühlen sich deshalb aber jetzt verlassen.

Jein, das ist nach Gegenden sehr verschieden. Als ich Vizerektor der Universität in Tokio war, bin ich oft nach Shanghai gereist, und habe dort immer den Bischof besucht. Er war auch Jesuit und wurde von der Untergrundkirche akzeptiert, weil er während der Kulturrevolution auch im Gefängnis gewesen war. Er gehörte zur offiziellen Kirche. Dennoch hatte er in seinem Büro ein großes Bild von Papst

Benedikt XVI. hängen. In der Kathedrale gab es ein Altar-Bild des seligen Johannes Pauls II. Also dieser Bischof war ganz katholisch und nicht nur ein Diener des Regimes. Wir dürfen uns China nicht als einen Block vorstellen. Es gibt Leute in der Partei, die eine Versöhnung mit den Religionen wollen, andere nicht. Man bräuchte Spezialisten, um Genaueres zu wissen. Ich hatte sehr gute Beziehungen mit der Japan-Sektion des Außenministeriums und habe diese gepflegt. Als der chinesische Premierminister Japan besuchte, kam er an unsere Uni und spielte mit den Studenten Catchball. Ein zweites Mal wurde ich mit einer Studenten-Delegation in seinem Hotel empfangen.

Sie glauben, die Annäherungspolitik schafft mehr Freiheiten für die Katholiken, als dass sie diese einschränkt.

Ja, anders geht es nicht. Sonst wird die Kirche schlicht zerstört werden.

Glauben Sie an Veränderungen in China?

Ja, aber die werden sehr langsam kommen. Oder auf einmal ganz gewaltsam. Das ist schwer vorauszusagen. Wir haben unser Narrativ von den Märtyrern; die Chinesen haben ihre Erzählung. Als die Kathedrale von Nanking von den Franzosen gebaut wurde, wurden die Chinesen mit Bajonetten gezwungen, ihre Häuser zu verlassen, um auf dem Gelände die Kirche zu bauen. Und sie mussten auch noch auf der

Baustelle mithelfen. Die christliche Religion wird in dieser chinesischen Lesart einzig als Auswirkung des Kolonialismus gesehen. Der Weg geht nur über die menschliche Beziehung. Wir müssen uns anfreunden, dann können wir uns unsere Geschichten erzählen. Und wenn wir uns auf die Geschichte des anderen einlassen, dann ist etwas Neues möglich.

Was bedeutet es für das geopolitische Gleichgewicht, wenn China eine vorherrschende Rolle spielt?

Ich glaube, die Welt kehrt zu ihrem alten Gleichgewicht zurück. In den vergangenen Jahrhunderten lag der Mittelpunkt der Welt, was Handel, Gewerbe und so weiter anbelangt, in Asien, in China und Indien sowie in der Region dazwischen, das heißt im ehemaligen Indochina, später erst kam Japan dazu. Unser eurozentristischer Blick führt uns nicht weiter. Auch die muslimische Welt hat uns viel gelehrt. Man könnte sogar sagen: Es ist der andere Teil Europas. Voltaire besaß die Kühnheit, in seinem »Essai sur les mœurs et l'esprit des nations«, der ersten Universalgeschichte, die China einschließt, nichts mehr über Noah, Adam und Eva zu schreiben.

Hat Europa in dieser Situation der Neuausrichtung der Kräfte noch eine besondere Aufgabe?

Europa hat zusammen mit Amerika die Menschenrechte hervorgebracht. Dies ist wirklich ein Fortschritt, den der

Westen in der Geschichte der Menschheit eingeleitet hat. Da es sich um Menschenrechte handelt, sind sie natürlich in jeder Kultur denkbar, sonst wären sie nicht universell. Wir müssen deshalb aufpassen, dass wir nicht in einen Nationalismus verfallen, auch nicht in einen europäischen Nationalismus.

Kommen wir zurück nach München. Wie muss ich mir Ihr Leben als Student vorstellen?

Ich hatte sehr viele Freunde durch das Tutorium, das ich gegeben habe. Ich habe mich dort sehr wohl gefühlt. Auf Partys bin ich nicht gegangen, aber mit anderen Studierenden zusammen Pizza essen oder im Café sitzen, das haben wir gemacht. Ich kann mich auch erinnern, dass es Frauen gab, die ursprünglich Christinnen waren und dann muslimisch geworden sind, weil sie einen muslimischen Mann hatten. Die hatten großes Interesse, mit mir zu sprechen.

Wie war das in jener Zeit: Haben Sie Priesterkragen getragen oder waren Sie eher leger gekleidet?

Nein, einen Priesterkragen habe ich nicht getragen, vielleicht an Festtagen. Aber jeder wusste, dass ich Priester war. Das fanden die meisten interessant. Aber ich habe damals in München in meinem weiteren Umfeld keine gläubigen Katholiken getroffen. Außer Professor Harald Weinrich und Professor Johannes Laube, der Japanologe, der früher einmal Jesuit werden wollte. Bei der katholischen Theologie hatte ich den Eindruck, dass dort weniger verlangt würde als in anderen Fächern. Letztlich habe ich München damals in der Tat schon als sehr säkular erlebt. Ich hatte einen guten Freund, einen Inder. Der war auch gläubig, mit ihm bin ich immer noch in Kontakt, er ist Vertreter des Freistaats Bayern in Bangalore.

Haben Sie da noch mal stärker gespürt, wie säkularisiert die Welt geworden ist?

Ganz klar: In akademischen Kreisen habe ich eher Misstrauen gegenüber der Kirche erlebt. Ich habe dann die Verteidigungshaltung angenommen. Aber persönlich haben die Leute mich akzeptiert. Ich hatte selbst nie ein Problem, weil ich Priester war. Und meinerseits habe ich wiederum die Leute auch immer versucht so zu nehmen, wie sie sind. Das ist vielleicht ein japanisches Merkmal: keine Vorverurteilung.

Waren Sie also selbst schon etwas japanisch geworden?

Vielleicht kann man das so sagen. Ich habe den Unterschied jedenfalls schon sehr stark wahrgenommen. In Japan habe ich ein anderes Denken kennengelernt. Die Japaner denken nicht wie in der europäischen Logik der Gegensätze. Wir sagen: Es ist schwarz, also ist es nicht weiß. Die Japaner sagen: Es ist weiß, aber vielleicht ist es auch schwarz. Man kann Gegensätze miteinander verbinden in Japan, ohne den Standpunkt zu ändern.

Das ist für uns Deutsche natürlich besonders schwierig nachzuvollziehen.

Wenn man sich in diese Kultur hineinkniet, kommt einmal der Punkt, wo man es entweder annimmt oder man wieder nach Europa zurückkehren muss. Es gab auch Jesuiten, die sind zurückgegangen, weil sie nicht in Japan arbeiten konnten. Ich habe die andere Kultur gut annehmen können.

Bedeutet das, dieses weniger bipolare Denken ließe sich lernen und auf die Kirche übertragen?

Ja, auf jeden Fall. Wir haben als Kinder das Glaubensbekenntnis auswendig gelernt: Ich glaube an die heilige katholische Kirche. Das glaube ich noch immer! Aber es muss eben nicht bedeuten, dass alles andere falsch ist. Das ist keine Absage an die Wahrheit. Die Konzepte, die wir verwenden, sind eben etwas anderes als die Wahrheit an sich. Die Wahrheit ist Gott selber. Wir müssen wieder stärker daran arbeiten, die Analogie immer mitzudenken. Gott ist eben trotz unseres wahrhaftig bekannten Glaubens immer noch einmal anders. Da bleibt noch viel Spielraum, der unsere Haltung prägen sollte.

Was haben Sie in Deutschland gelernt, was ist Ihre prägendste Erinnerung an die Münchner Universität?

Mein für mich wichtigster Lehrer war Harald Weinrich. Er war einer der wunderbarsten Professoren, die ich je kennengelernt hatte. Man musste sehr früh in den Hörsaal, wenn man in seiner Vorlesung einen Sitzplatz bekommen wollte. Da kamen sogar auch die anderen Professoren vorbei. Ich habe jedes Jahr sein Seminar besucht. Er hat mir das freie Sprechen beigebracht. Wir durften nie etwas vorlesen. Wir durften Karteikarten haben für Zahlen und Zitate, aber ansonsten mussten wir frei sprechen. So predige ich noch heute. Er hatte ein so allgemeines Wissen: Das ging von der Sprachwissenschaft zur Literatur. Ursprünglich kam er aus der Romanistik, als er nach München wechselte, wurde er Germanist. Er hat eine Grammatik der französischen Sprache geschrieben und arbeitete dann an einer Grammatik der deutschen Sprache. Sein Buch über die grammatischen Tempi hat mich stark beschäftigt. Jedes Tempus hat ja eine eigene Funktion im Gesamtsystem der Sprache. Ich habe dann meine Magisterarbeit über Narrativität im Großen Glaubensbekenntnis geschrieben.

Was bedeutet das? Wieso Narrativität?

Ich habe zunächst den lateinischen Text analysiert. Der christologische Mittelteil mit seinem lateinischen Perfekt ist narrativ, auf eine wunderbare linguistische Art und Weise in das Bekenntnis eingefasst. In der französischen Übersetzung hat man das sehr gut erkannt, es gibt einen Wechsel zwischen *passé simple* und Imperfekt. Die Handlung wird im *passé simple* geschildert, der Hintergrund der Bühne im Imperfekt. Im Deutschen hat man ganz naiv Perfekt durch Perfekt übersetzt. Das deutsche Perfekt ist aber nicht narrativ. Deshalb wird das große Credo auch nie im Gottesdienst benutzt, anders als in Frankreich, wo es in der Messe gebetet wird.

Wie müsste es also heißen statt auferstanden am dritten Tag?

Am dritten Tage stand er auf, er fuhr in den Himmel ... Das ist dann erzählerisch.

Und welche Literatur haben Sie in der Zeit für sich entdeckt?

Ich habe für mich die kommunistische Literatur entdeckt. Anna Seghers hat mir sehr gefallen. Ich bin immer sehr offen für alles, ich lese nicht nur katholische Literatur. Bertolt Brecht hat mich fasziniert.

Brechts Lyrik oder die Theaterstücke?

Die Theaterstücke »Leben des Galilei« und »Der kaukasische Kreidekreis« sind mir wichtig geworden. Man muss sich ja mit der Kritik an der Kirche auseinandersetzen. Diese Kritik ist nicht immer falsch. Daraus muss man lernen.

Ich habe später sehr viel Voltaire gelesen: ein äußerst faszinierender Mensch und sehr ehrlich. Die ganze Bibelkritik von Ludwig Feuerbach gab es schon bei Voltaire. Doch die Aufklärer konnten zu ihrer Zeit die Widersprüche nicht erklären, die auftauchen, wenn man die Bibel historisch liest. Voltaire hat auch alles gelesen, was die Jesuiten über China geschrieben haben. Seine Bibliothek ist heute in St. Petersburg, weil Katharina die Große sie aufgekauft hat und das Gebäude nachbauen ließ. Zur Zeit der DDR wurden die Werke mit Voltaires eigenhändigen Anmerkungen herausgegeben. Was hat er unterstrichen, was hat er an den Rand geschrieben? Das ist natürlich spannend und wichtig für den intellektuellen Prozess. Voltaire war äußerst fleißig. Er saß jeden Tag ein paar Stunden an seinem Schreibtisch. Da er sehr alt wurde, hat er viel gelesen und durchdacht. Es gibt ja die Diskussion, ob er Atheist oder Theist war. Ich meine, er war beides zu verschiedenen Zeiten.

Was ist Voltaire für Sie?

Für mich ist er mehr Theist. Es gibt eine Theorie, derzufolge er den Katechismus, den er bei den Jesuiten gelernt hat, so verinnerlicht hatte, dass er ihn getreu wiedergibt. Nur das Christusmysterium ist bei ihm ausgelassen. Das hat er nicht verstanden. Er hat in einem Dorf eine Kirche bauen lassen und mit großer Genugtuung »Deo erexit Voltaire« hingeschrieben. In dieser Kirche gab es eine Christusfigur, aber Christus wird als Betender dargestellt, nicht als Jesus am

Kreuz. Aber wahrscheinlich war das aufgeklärte Christentum, das ihn im Jesuitenkolleg geprägt hat, auch schon eher so angelegt.

Gab es bei Ihnen persönlich Phasen des Gotteszweifels?

Nein. Vielleicht ganz kurze Phasen.

Durch die Auseinandersetzung mit der Literatur?

Ja, die Literatur hat mich dazu gebracht: Wie kann Gott das Böse zulassen? Das ist ja eine der großen Fragen – bis ich verstanden hatte, dass ich keine philosophisch-theologische Antwort geben kann, die wirklich ausreichend ist. Die theologischen Überlegungen sind wichtig; es muss auch gedacht werden. Aber die eigentliche Antwort ist das Kreuz Christi. Und die Liebe des Vaters. Und das Kreuz Christi ist ein Ausdruck der Liebe des Vaters.

Im Studium bei Harald Weinrich haben Sie das Erzählerische als große Kraft entdeckt. Was bedeutet es für den Glauben?

Weinrich hat den Begriff der narrativen Theologie geprägt. Er hat 1973 in der Zeitschrift »Concilium« einen Artikel geschrieben und den Begriff zum ersten Mal verwendet. Es gibt Bibelübersetzungen, die die Narrativität vollkommen streichen. Die »Gute-Nachricht-Bibel« beispielsweise hat alle Narrativität gestrichen; damit wird aber die Botschaft verfälscht.

Die richtige Deutung ist mit der Erzählung verknüpft, ansonsten geht das Wesentliche verloren. Das Christusereignis muss als das Hauptelement des Christentums erzählt werden, ich muss es mir zu eigen machen. Ich werde auf diese Weise Teil dieser Geschichte und kann sie dann erzählen.

Geht das Erzählerische denn verloren?

Es ist heute noch schwerer als vor 30 Jahren geworden, es zu bewahren, weil die Narrativität in der Kultur inzwischen auf Bilder übertragen wird. Das ist ein großer Kulturwandel, der hier geschieht. Ich glaube, dass wir das in der Kirche noch ganz und gar nicht genügend mitbekommen haben. Ich muss das Erzählen mit Bildern verbinden können, davon bin ich überzeugt.

Was bedeutet das? Ist der Spielfilm »The Passion of Christ« von Mel Gibson der richtige Weg?

Das ist nicht meine Vorstellung. Ich glaube, Grausamkeit und Leid kann man viel diskreter ausdrücken als durch solche Blutorgien. Das stößt mich eher ab. Aber die Verfilmung des Matthäusevangeliums von Pier Paolo Pasolini finde ich sehr schön. Vor allem die Szene mit der Auferstehung, die sich im Gesicht von Maria widerspiegelt: wie plötzlich ein Licht darauf fällt, wo die Abgestumpftheit der Trauer zum Erstaunen und zur Freude wird. Wie die Mutter von Pasolini Maria spielt, hat mich sehr beeindruckt.

Gerade die Geschichte der japanischen Jesuiten wurde einem breiten Publikum durch den Film »Silence« von Martin Scorsese bekannt.

Ja, Grundlage des Films war das Buch von Endō Shūsaku, dem großen Schriftsteller, über den wir schon gesprochen haben. Ich habe ihn noch kennengelernt, als ich ganz neu in Japan war; auch seine Frau habe ich nach seinem Tod kennengelernt. Er hat auch an der Sophia-Universität studiert. Man muss »Silence« oder »Schweigen«, *Shimoko*, von seiner Biografie her verstehen. Seine Mutter hatte einen spirituellen Mentor, wenn man es so nennen will, Pater Herzog. Der muss sehr streng gewesen sein. Er empfand ihn immer als eine Art Über-Ich, jemanden, den er zwar mochte und schätzte, der ihm aber gleichzeitig überlegen war. Es gab deshalb eine Rebellion in seinem Herzen. Wenn ich zur Kirche ging, so hat Shūsaku seinerzeit geschrieben, musste ich festliche Kleider tragen. Das hat er dem Pater übel genommen. Dieser Pater ist übrigens dann später aus dem Orden ausgetreten und hat geheiratet.

Das verweist auf den Film, aber auch auf heutige Probleme der Kirche.

Endō Shūsaku schreibt: Der mir den Glauben gab, hat den Glauben verleugnet. Er erzählt einmal in einer kleinen Schrift, dass er den Pater in einem Café gesehen habe, ein paar Jahre danach. Endō versteckte sich hinter einer Zeitung und beobachtete ihn. Was ihm zuerst auffiel: als Pater war er immer adrett gekleidet, kein Staubkorn auf der Soutane, jetzt sah man die Schuppen der Haare auf seiner Anzugsjacke, einen kleinen Fleck und so weiter. Er war alt, etwas verkommen, aß einen Snack, aber vor dem Essen betete er. Für Endō war das eine große Erleichterung: Er hatte den Glauben nicht verloren, nur das Priestertum aufgegeben. Der Roman »Silence« spielt in einer ganz anderen, dramatischeren Epoche – und doch gibt es eine Verbindung.

Ist die Erfahrung dieses Jesuitenpaters nicht in gewisser Weise die gleiche wie die des Samurai im gleichnamigen Roman?

Der Samurai wurde tatsächlich bekehrt. Er wurde vom Fürsten von Nordjapan, dem er Gehorsam versprochen hatte, mit dem Auftrag, sich taufen zu lassen, nach Europa geschickt, weil er vom Handel mit europäischen Flotten profitieren wollte. Der Samurai willigt ein, ist aber zutiefst beschämt über das Bild des am Kreuz sterbenden Jesus und fragt sich, wie man einen Mann anbeten kann, der elendig am Kreuz hängt. Einen Verurteilten anzubeten ist etwas, das dem Ehrenkodex eines Samurai völlig zuwiderläuft. Aus Loyalität zu seinem Prinzen willigt er jedoch ein, sich taufen zu lassen. So kehrte er nach Japan zurück, wo sich jedoch die politische Situation erheblich verändert hatte: Das Christentum war verboten worden und sein Fürst wollte keine Beziehungen mehr zu den Samurai unterhalten. Er wurde daher aufgefordert, seinem Glauben abzuschwören. Doch der Samurai behauptet nun, dass er Jesus am Kreuz strikten Gehorsam zu leisten gelobt hat – und muss am Ende sterben. Im Moment, in dem er stirbt, fallen Blütenblätter herab, als Symbol der Reinheit und Schönheit.

Wie viel Autobiografie Endōs steckt in dem Roman?

Ja, ich glaube, in Endōs Arbeit steckt viel Buddhismus. Aber auch das Christentum ist sehr präsent. Endōs Kultur ist japanisch, vom Christentum fühlte er sich angezogen und abgestoßen zugleich. Es scheint sich um eine existenzielle Interpretation des katholischen Glaubens zu handeln, wie sie heute von vielen Menschen, insbesondere von Intellektuellen, vertreten wird. Die Kirche sollte offener sein und sie zu verstehen lernen.

Angezogen und abgestoßen zugleich?

Ja, für den Gläubigen kann es dasselbe sein, ob er sich vom Christentum angezogen oder abgestoßen fühlt. Das authentische Bekenntnis des Glaubens ist für viele Menschen heute nicht so einfach wie das Glaubensbekenntnis, das wir bei der Taufe ablegen.

Noch einmal eine biografische Frage. Nach dem Aufenthalt in München und Frankfurt sind Sie 1994 zurück nach Japan gegangen und dann im Jahr 2000 wieder nach Bonn gekommen. Warum?

Ich wollte mich noch einmal neu orientieren. In Tokio habe ich gemerkt, dass ich der Einzige war, der an der Narrativität in der Linguistik interessiert ist, die anderen verfolgten die Linie von Noam Chomsky. Das langweilte mich. Ich glaube auch nicht, dass es diese universelle Grammatik gibt, von der er spricht. In unserer Abteilung haben sich alle sehr stark an der Linguistik orientiert. Doch dann kam ein neuer Trend auf: Area Studies. Ich war mit diesen Professoren, die diese Area Studies eingeführt hatten, eng verbunden, weil wir uns sagten, dass eine Fakultät, die allein Sprachen vermittelt, in der globalisierten Welt keine Zukunft hat. Wir haben deshalb einen neuen Studiengang eingeführt, dazu gehörten dann auch Europa-Studien.

Area Studies bedeutet, dass man das Land und die Geschichte stärker berücksichtigt?

Ja, dass man nicht nur die deutsche Sprache lernt, sondern Soziologie, Politik, Geschichte und Wirtschaft. Dass man die Länder aus verschiedenen Blickwinkeln beleuchtet, nicht nur von ihrer Sprache her. Da interessierte mich als Luxemburger natürlich besonders Europa. Und ich wollte ein entsprechendes Studium aufbauen. Dazu brauchte ich nun aber selbst zunächst einmal akademisches Wissen. 1994 war ich nach Japan zurückgekehrt. In meiner Sabbatzeit bin ich dann noch einmal im Jahr 2000 und 2001 nach Bonn gegangen und habe dort sehr viel gelernt.

Was hatten Sie wissenschaftlich vor? Wollten Sie promovieren und habilitieren?

Ich bin in Japan ohne Doktorat Professor geworden. Dann wollte ich als Professor ein größeres Werk schreiben. Mein Plan: Ich wollte über die Jesuiten in Thailand im 18. Jahrhundert veröffentlichen. Das fand ich spannend, weil die Jesuiten dort gescheitert waren. Die meisten Autoren haben sich immer nur mit den Erfolgen der Jesuiten beschäftigt. Es gibt kein Archiv mehr über die Jesuiten in Thailand auf Thai. Alles, was es gibt, ist auf Holländisch, Englisch, Portugiesisch, Französisch verfasst. Ich habe dann das Jesuitenarchiv in Rom durchleuchtet, alles fotografiert und wollte diese Geschichte schreiben. Doch dann wurde ich Erzbischof. Das gehört zu den Dingen, die ich in meinem Leben bedauere: Ich hatte nicht mehr die Zeit, das zu vollenden. Ich glaube, dass das eine andere Interpretation jener Epoche der Geschichte mit sich gebracht hätte. Die meisten Amerikaner oder Europäer, die über diese Zeit geschrieben haben, verstehen nichts von Kirche. Sie verwechseln Sachen, bringen sie durcheinander. Man muss dazu auch die europäische Geschichte kennen. Sonst sieht man nicht, um was es eigentlich ging.

4.

Leere Kirchen und die Normalität der Krise

Erzbischof in Luxemburg und Europa

Sie wurden dann 2011 Erzbischof von Luxemburg. War das ein Schock?

Nun, es gab eine ungewöhnliche Geschichte, weswegen ich wusste, dass ich auf der Liste stand. Ich war Vizerektor der Universität und saß auch im Verwaltungsrat, zuständig für auswärtige Beziehungen und katholische Angelegenheiten. Es gab eine Art Großraumbüro. In der Mitte hatten wir einen Pool von Sekretärinnen, rundherum waren die Büros der Leute vom Verwaltungsrat. Die Sekretärinnen mussten die Briefe öffnen, und wenn sie etwas nicht verstanden, brachten sie es zu mir und fragten, ob das wichtig sei oder nicht. Dann kam ein »Pontificium Secretum«, also ein päpstliches

Geheimschreiben, das an den Präsidenten gerichtet war. Die Sekretärin war unsicher und verstand den Text nicht, ich schaute rein. Da stand dann: Pater Hollerich ist als Erzbischof von Luxemburg vorgeschlagen. Man wollte seine Meinung dazu hören. Natürlich hätte man mir das nicht zeigen dürfen, aber nun war es so. Dann hörte ich nichts mehr und ich dachte, es ist an mir vorbeigelaufen. Ich war der Exot auf der Liste. Wenn man eine Dreierliste macht, nimmt man einen, der nicht qualifiziert genug ist, einen Exoten und den, den man haben möchte. Das ist längst gelaufen, dachte ich. Doch dann wurde ich zum Nuntius gerufen, an seinem Geburtstag. Ich hatte mir gar nichts dabei gedacht. Ich hatte ihm auch schon Blumen von der Universität schicken lassen. Und als ich kam, war da eine Party. Dann ist er mit mir in ein Nebenzimmer gegangen und sagte, ich muss mit dir sprechen. Ich dachte, es geht um eine Übersetzung. Doch er hat es dann ganz feierlich gemacht. Papst Benedikt XVI. hat Sie, Pater Hollerich, zum Erzbischof von Luxemburg ernannt. Nehmen Sie die Ernennung an? Da sollte ich dann auf der Stelle ja oder nein sagen. Dann habe ich kurz nachgedacht und mich an eine Stelle bei Ignatius erinnert, wo er sagt: Wenn man zwischen zwei Dingen zu wählen hat, muss man das Schwierigere wählen. Dann habe ich ja gesagt.

Haben Sie sich gefreut?

Ja, ich habe mich gefreut. Aber ich hatte auch etwas Angst. Ich durfte noch mit niemandem darüber sprechen, habe aber den Präsidenten des Verwaltungsrates informiert. Denn ich musste dann ja an der Uni aufhören. Ich war auch Rektor der Jesuiten-Kommunität, meinem Stellvertreter habe ich es auch gesagt. Dann bin ich bei Nacht und Nebel abgehauen, weil ich bald in Luxemburg sein sollte. Eine Woche später wurde dann öffentlich mitgeteilt, wer der neue Bischof ist. Es war gar nicht so einfach, einen Flug zu bekommen. Ich bin zunächst nach Bangkok geflogen, hatte dort zehn Stunden Aufenthalt, dann nach Zürich und dann von Zürich nach Luxemburg. Um halb elf bin ich angekommen, um zwölf war die Pressekonferenz.

Was haben Sie aus Japan für Ihren Glauben mitgenommen?

Zunächst die Einstellung: Nie in Panik verfallen. Warten, Abwägen, das sind Tugenden, die ich gelernt habe. Und die Wertschätzung des Dialoges mit den anderen Religionen und mit der postmodernen Welt. Meine wichtigste Lehre ist: Wir haben die Wahrheit nicht gepachtet. Ich glaube fest an Jesus Christus, ich kann den ersten Satz des Hebräerbriefes voll unterschreiben. Aber Gott ist auch woanders präsent. Das müssen wir anerkennen. Auch als Bischöfe »besitzen« wir die Wahrheit nicht. Wir müssen nach der größeren Wahrheit suchen und auch probieren, die Wahrheit neu zu formulieren. Ich habe am Anfang der letzten Fastenzeit meinen Priestern Einkehrtage gegeben. Dafür habe ich das Gleichnis vom verlorenen Sohn ausgewählt. Interessant ist – das schreibt auch der Papst: Wenn der verlorene Sohn nach

Hause kommt, wird er nicht gebadet. So wie er ist, wird ihm ein Gewand gegeben, und es wird ihm ein Ring angezogen. Das ist das priesterliche Gewand und der Ring des Bischofs. Er bekommt das Gewand, nicht weil er so toll ist, sondern weil der Vater barmherzig ist. Er muss dann zu einem Zeugen der Barmherzigkeit werden. Das prägt mich sehr tief. Ich bin nicht besser als die andern. Es wäre ja vermessen, etwas anderes zu denken.

Sind Sie nicht ein bisschen als verlorener Sohn zurückgekommen?

Nein, nicht nach Luxemburg. Für viele war es ein Schock, mich als Bischof zu bekommen. Die Leute haben vor allem Mühe, mich einzuordnen. Die einen denken: Er ist erzkonservativ. Die andern meinen, ich sei schrecklich liberal.

Und was stimmt?

Weder das eine noch das andere.

Warum wollen die Leute Sie gerne einordnen?

Das ist einfach zu erklären. Wenn man jemanden nicht einordnen kann, muss man vorsichtiger sein, denken vielleicht manche. Die ideologischen Grabenkämpfe sind eine Krankheit der Kirche. Wir müssen eine Diversität in der Kirche akzeptieren. In der heutigen Welt kann man doch nicht verlangen, dass alle Menschen im Glauben uniform sind. Es gibt Platz für die Diversität in der Kirche, ich spüre sogar Diversität in mir selbst: Manches Mal feiere ich gerne eine lateinische Messe, ein anderes Mal tanze ich auch einmal gerne im Gottesdienst mit.

Was ist konservativ an Ihnen?

An mir ist konservativ, dass ich die Hochform der Liturgie mag. Ich kann natürlich alles im Glaubensbekenntnis unterschreiben. Ich habe keine Zweifel an irgendeinem Dogma. Ich suche, sie immer auch in Kontexten zu verstehen. Ich liebe die Kirche, ich liebe auch die Tradition. Aber Traditionen kann man nur behalten, wenn man sie ändert, sonst verschwinden sie. Das müssen wir in der Kirche tun. Wir müssen einen tiefen Lernprozess beginnen. Wir müssen von Menschen in der heutigen Welt lernen, Gott in der Welt von heute suchen und erkennen. Gott existiert ja nicht nur in der Vergangenheit der katholischen Kirche. Hier gibt es zudem genug Orte, an denen Gott nicht war. Ich kann mir nicht vorstellen, dass Gott sich bei der Hexenverbrennung freute oder während anderer dunkler Zeiten der Geschichte. Wir haben uns schwer versündigt als Kirche. Und wir müssen schauen, wo Gott in dieser Welt ist. Wir sind nicht die, die alles wissen. Wir müssen wieder Suchende sein. Wir haben die Gewissheit des Heilsgeschehens in Jesus Christus. Davon weiche ich nie ab – aber was daraus folgt, ist mehr Suche als Gewissheit.

Wie ist der Stand der Missbrauchsaufklärung in Luxemburg?

Ich glaube, etwas besser als in Deutschland. Mein Vorgänger und sein Generalvikar haben gute Arbeit geleistet. Sie haben einen Bericht verfassen lassen, in dem viele Fälle dargestellt wurden. Aber es gab noch ein Geheimarchiv, zu dem nur der Bischof Zugang hatte. Als ich nach Luxemburg kam, habe ich dieses System beendet. Ich habe den Archivar gebeten, zusammen mit dem Generalvikar auch diese Akten aufzuarbeiten. Doch es hat sich gezeigt, dass vieles gar nicht aufgeschrieben wurde, die Aktenführung war nicht vollständig. Es wurden keine Akten entwendet oder verbrannt, wie die Leute sich das manchmal vorstellen. Manches wurde erst gar nicht festgehalten. Ich habe einige Opfer getroffen; für jedes Opfer, das mit mir sprechen möchte, nehme ich mir Zeit. Ich bin erschüttert, wenn ich sehe, wie das ganze Leben von diesen, von zu vielen Menschen vernichtet wurde. Ich kann durchaus nachvollziehen, dass das so ist. Wenn Kinder auf den Priester oder den Bischof als denjenigen schauen, der für Gott spricht: Dann ist es mit das Schlimmste, was man machen kann, diese Autorität auszunützen und zu missbrauchen. Das ist ähnlich gravierend, wie wenn Eltern ihre Kinder missbrauchen. Die Begleitung von allen Kindern und Jugendlichen muss immer mit einer großen Achtung ihrer Persönlichkeit und ihrer Freiheit einhergehen.

Wie erklären Sie sich, dass es zu dieser Missbrauchskrise gekommen ist?

Vor kurzem sprach ich mit jemandem, der mir erzählt hat, dass er als Kind in einer katholischen Einrichtung einfach keine Liebe erfahren hat. Da sei alles so streng und lieblos abgelaufen. Und ich habe mich gefragt: Wie konnten diese Nonnen, diese Priester Christen sein? Wussten die nicht, dass Gott Liebe ist? Ich kann es mir nur so erklären, dass sie keine Liebe und einen pervertierten Glauben hatten.

Aber wie konnte das in der Kirche diese Ausmaße annehmen?

Das System, die Struktur waren stärker als die Inhalte. Das ist ein globales Phänomen, aber in Europa und besonders auch in Deutschland ist das nach wir vor eine Gefahr. In ihren konservativen wie auch in ihren liberalen Ausprägungen stehen die Strukturen zu stark im Vordergrund. Man muss zunächst einmal mit Leben, mit Inhalten kommen. Man muss die Strukturen mit Gott füllen, mit dem Evangelium und das heißt auch immer: mit dem Leben. Alle Strukturen, die man macht, werden ansonsten zusammenfallen. Tut man es, dann müssen sie sich verändern. Auch die Faktoren Geld und Macht spielen eine Rolle.

Im Jahr 2015 gab es in Luxemburg einen historischen Einschnitt im Staat-Kirche-Verhältnis. War das ein feindlicher Akt der Regierung?

Im Nachhinein würde ich das nicht so bewerten. Das Abkommen zum Staat-Kirchen-Verhältnis ist gewiss eine Zäsur, die nicht von tiefer gegenseitiger Nähe gekennzeichnet war. Der Religionsunterricht wurde abgeschafft, die staatliche Besoldung der Priester ist für alle, die neu eingestellt werden, Vergangenheit und auch die gemeinsame Verantwortung für kirchliche Gebäude und Kulturschätze ist auf eine gänzlich neue Grundlage gestellt. Doch langfristig müssen wir als Kirche erkennen, dass die Regierung uns gezwungen hat, uns realistisch mit unserer Zukunft zu beschäftigen. Manche enge Verknüpfung von Staat und Kirche spiegelte einfach nicht mehr die gesellschaftliche Realität in einem einst katholischen Land wider. Heute bekennen sich kaum mehr 40 Prozent der Bevölkerung zum katholischen Glauben – und das oft nur auf dem Papier. Wir müssen uns jetzt um unsere Zukunft kümmern und können uns nicht mehr auf der irgendwie abgesicherten Gegenwart ausruhen. Denn diese Sicherheiten sind größtenteils weg. Mit dem Premierminister verstehe ich mich inzwischen gut und habe ihn, zusammen mit seinem Ehepartner, zum Papst begleitet. Im Vatikan hat das etwas für Aufregung gesorgt, aber der Papst war amüsiert.

Im Jahr 2018 wurden Sie in Nachfolge von Kardinal Reinhard Marx Vorsitzender der Kommission der Bischofskonferenzen der Europäischen Gemeinschaft. Wir haben ja über die Säkularisierung gesprochen, über die Kirche, den Glauben. Was für eine Stimme haben die Kirchen noch in Europa?

Bei meinen Gesprächen in Brüssel, Straßburg und hier in Luxemburg setze ich auf Überzeugung durch Argumente.

Wir haben einige Experten, die wirklich konstruktive Vorschläge für die Europäische Union machen. Die werden gerne aufgenommen, auch wenn die Leute, mit denen wir es zu tun haben, nicht unbedingt gläubig sind. So habe ich zum Beispiel mit der Außenbeauftragten Federica Mogherini wunderbar zusammengearbeitet, unabhängig von ihrer politischen Zuordnung. Es gibt ein Papier, das die EU dazu verpflichtet, die Menschenrechte zu beachten und zu vertreten. Wir haben den Vorschlag gemacht, dass auch die Religionsfreiheit dazugehört. Das wurde von Frau Mogherini aufgegriffen.

Beim Thema Sterbehilfe scheint es so, dass die Befürworter sich nach und nach in ganz Europa durchsetzen.

In Luxemburg gibt es schon länger die Euthanasie, wie hier offiziell gesagt wird. Der assistierte Suizid wird nicht mehr als Suizid, also als eine Tat der Verzweiflung, gesehen, von der man jemanden abhalten müsste. Ich bin erschüttert und fassungslos, aber so ist es. Die Ungeheuerlichkeit besteht darin, dass man die Wahrheit per Gesetz verdreht. Diejenigen, die das vorantreiben, sind nicht mehr die nicht-christlichen Humanisten, mit denen wir früher diskutiert haben. Damals hieß es, es gehöre zur menschlichen Freiheit dazu, den Freitod wählen zu können, als Ausdruck der menschlichen Würde. Inzwischen wird die Tötung von Menschen ausgeweitet. Das finde ich zutiefst unehrlich.

Auch in Deutschland gibt es zunehmend weniger Verständnis für den Standpunkt der Kirchen. Die Ablehnung der Sterbehilfe wird als Einschränkung des Selbstbestimmungsrechtes gesehen.

Ich glaube, die Kirche wird nicht mehr gehört, weil wir zu schwach sind. Auf europäischer Ebene fehlen Moraltheologen, die sich Gehör verschaffen können. Den Kampf um den Schwangerschaftsabbruch haben wir schon lange verloren. Wir sollten in der Politik aufhören, die Kämpfe der Vergangenheit zu führen, sondern auf der Ebene der Zivilgesellschaft arbeiten. Wir müssen präsent sein bei Leuten, die vielleicht verzweifelt sind, und so versuchen die Euthanasie einzudämmen. Wir müssen noch viel mehr schwangeren Frauen helfen, die in einer Notlage sind. Das ist für mich eine größere Aufgabe, als auf die Gesetzgebung einzuwirken. Und wir sollten uns vorbereiten auf die viel größeren Kämpfe, die noch kommen, etwa in der Medizinethik und angesichts der Künstlichen Intelligenz. Über diese Fragen sollten die Bischöfe Europas miteinander sprechen. Wir brauchen auch christliche Intellektuelle, die die Entwicklung der Menschheit mitdenken oder vorausdenken – während wir immer noch zu viel nachdenken. Wir haben als katholische Kirche dramatisch an Niveau verloren. Wenn wir nicht mehr mit-denken und im Dialog mit der Welt stehen, werden wir zu einer Sekte.

Wie bewerten Sie die Debatte um Gleichberechtigung, LGBTQ und die sogenannte Gender-Ideologie, wie manche sagen?

Manche Debatten scheinen mir zu elitär. Die Diskussion geht oft von oben nach unten, das kann gefährlich sein. Manche Themen sind auch für mich neu. Ich will keine Diskriminierung, aber auch keine Gleichmacherei. Ich habe nichts gegen die zivile Anerkennung gleichgeschlechtlicher Partnerschaften, aber das Gendern geht den meisten Leuten viel zu weit. Dass man statt Vater und Mutter nun Elternteil 1 und Elternteil 2 zu sagen hat, ist einfach unmöglich. Gesellschaftlicher Wandel darf nicht per Gesetz diktiert werden. Egalität als oberstes Prinzip halte ich für gefährlich. Der Papst hat uns mit dem Wort Geschwisterlichkeit einen Weg gewiesen. Geschwisterlichkeit kann Unterschiede in der Verbundenheit aushalten.

Ganz grundsätzlich stellt sich dann die Frage nach der Bedeutung von Liebe in der heutigen Gesellschaft. Liebe wird in dieser zeitgenössischen europäischen Gesellschaft von Grund auf neu definiert. Glauben Sie, dass die Idee der Liebe noch eine existenzielle Bedeutung hat?

Ja, ich bin überzeigt, dass junge Menschen durstig sind nach Liebe. Sie wollen geliebt werden und sie wollen lieben.

Wie stellt sich da die Frage nach der Liebe heute?

In der Tat manifestiert sich die Frage nach der Liebe heute anders als früher, als etwa in der Zeit meiner Kindheit. Heute haben junge Menschen Angst, sich zu binden, weil sie die Gefahren, die Risiken, die Narben bei den Erwachsenen sehen, die nicht immer heilen. Aber ich glaube, sie haben einen sehr tiefen Wunsch nach Liebe. Und ich spüre, wenn ich mit jungen Menschen im Gespräch bin, sogar dass dies schon ein Austausch von einer existenziellen Zugewandtheit und Liebe sein kann, weil die Formen und Ausdrucksweisen von Liebe so vielfältig sind. Das ist der Kern meines Dienstes als Priester, dass ich den Menschen vermitteln muss, dass es eine größere Liebe gibt: die Liebe Gottes, die Kraft gibt, über alle Risiken des menschlichen Lebens hinaus. Ich muss also auch darauf achten, dass die Menschen diese Art von Liebe für andere in mir sehen. Ich habe in Japan gelernt, dass man nicht urteilen sollte, denn das ist sehr schlecht. Man muss die Menschen akzeptieren und sie lieben.

Gleichzeitig wird heute die Vorstellung einer Identität selbst in Frage gestellt, insbesondere auch im sexuellen Bereich.

Es gibt Nuancen in der Pubertät, das ist klar. Es gibt auch darüber hinaus Fälle, wo es Nuancen gibt, aber im Allgemeinen ist das nicht so. Wir sollten einen Weg finden, die Minderheit zu respektieren und ihr wirklich alle Freiheiten zu geben, die sie braucht, denn Respekt setzt Freiheiten voraus, ohne aber alles andere verändern zu wollen. Nochmals, angesichts der Frage nach Vater und Mutter: Warum sollten diese Bezeichnungen aus den Gesetzestexten verschwinden? Nein, vielleicht sollten wir eher neben ihnen neue Konzepte entwickeln. Ich bin gegen jegliche Diskriminierung. Das Gesetz muss die Person mit ihren Bedürfnissen schützen, aber deshalb ist es auch nicht notwendig, die Kategorien von Mann und Frau abzuschaffen. Es gibt Menschen, die bei ihrer Geburt weder männlich noch weiblich sind. Dieses berühmte dritte Geschlecht oder die geschlechtslose Person sollte nicht diskriminiert werden. Man muss ihnen eine Identität geben, und diese Identität muss akzeptiert werden. Der Papst sagte in seiner Enzyklika »Fratelli tutti«, dass die Brüderlichkeit die Korrektur der Gleichheit sei. In Europa riskieren wir Gleichmacherei. Ich denke nicht, dass die Gleichsetzung der homosexuellen Ehe mit der heterosexuellen Ehe die Lösung ist. Die Tatsache, dass es eingetragene homosexuelle Partnerschaften geben kann, und sie vielleicht sogar vom Staat als Ehen bezeichnet werden, aber keine Sakramente sind, ist nicht unbedingt schlecht. In diesem Sinne muss es in der Gesellschaft mehr Brüderlichkeit und etwas weniger Gleichmacherei geben.

Ähnlich harte Auseinandersetzungen gibt es innerhalb Europas in der Flüchtlingsfrage. Wie gehen Sie damit um?

Wichtig ist es, unter allen Mitgliedern der EU im Gespräch zu bleiben. Es gibt verschiedene Ausdrucksformen der Demokratie. Man darf nicht sofort alle Unterschiede verurteilen. In kulturellen Prozessen gibt es unterschiedliche Entwicklungen. Man braucht den Dialog, um sich zu verstehen. Auch in der Flüchtlingsfrage wurden die Sorgen der Menschen in Europa oft nicht ernst genommen. Natürlich dürfen wir die Menschen nicht im Mittelmeer ertrinken lassen, aber Europa kann auch nicht einfach alle aufnehmen. Und doch müssen wir helfen. Ich habe Moria besucht und kenne die schreckliche Situation dort.

In der Frage der Migration unternimmt Europa nicht genug. Glauben Sie nicht, dass Europa und die Kirche in Europa in ein paar Jahren für ihre Untätigkeit verurteilt werden?

Die Untätigkeit und Uneinigkeit sind schlimm, der Papst hat sich in dieser Hinsicht sehr deutlich geäußert.

Wie ist in dieser komplexen Frage angesichts der Not der Menschen auf der einen Seite und illegaler Migration auf der anderen Seite vorzugehen?

Es ist richtig, dass wir gegen illegale Organisationen vorgehen müssen. Aber wenn jemand auf dem Meer stirbt und ich ihn nicht rette, nur weil er mit einer illegalen Organisation gekommen ist, ist das moralisch inakzeptabel. Ich bin in gewisser Weise ein Komplize eines Verbrechens. Deswegen unterstütze ich Gruppen, die Schiffbrüchigen helfen, teilweise sind auch Priester dabei.

Was ist also zu tun?

Das Retten von Flüchtlingen darf nicht zu einem reinen Aktivismus führen, einem falschen Altruismus. Es geht darum, den Flüchtlingen den Raum zuzugestehen, den Gott ihnen auf dieser Erde als Menschen gibt. Man hilft dem anderen, weil er ein Mensch ist. Er mag anders sein als ich, er mag die Gesellschaft nicht so sehen, wie ich sie sehe. Doch wenn er hier in unserer Gesellschaft lebt, muss er die Demokratie akzeptieren. Wir müssen auch diejenigen retten, die mit schlechten Absichten das Meer überqueren, wir dürfen sie nicht ertrinken lassen, denn sie sind Menschen, die von Gott geliebt werden. Wenn Menschen also helfen, tun sie nicht etwas Besonderes, sondern etwas Normales.

Was lesen Sie im Moment, welches Buch haben Sie gerade auf Ihrem Nachttisch?

Auf meinem Nachttisch liegt mein E-Reader und ich lese einen ganz simplen Kriminalroman. Sehr spannend, aber weil ich nur kurz lese und dann schlafe, weiß ich nachher nicht mehr, was ich vorher gelesen habe. Das lese ich nur, um mich abzulenken. Aber ich lese sehr gerne Literatur, greife auch gerne zurück auf Werke, die ich in der Jugend einmal gelesen habe, sogar manchmal auf Karl May. Aber diese Bücher entsprechen nicht mehr dem Rhythmus unserer Zeit. Die Serien bei Netflix ändern die Spannungsabläufe. Da muss zum Schluss etwas kommen, damit die Spannung ansteigt für die nächste Folge. Ich habe mir vorgenommen endlich einmal »Die Geschichte vom Prinzen Genji« zu lesen, von japanischen Frauen im 10. Jahrhundert geschrieben. Er wird als der erste Roman der Geschichte bezeichnet.

Haben Sie auch mal selber geschrieben?

Eigentlich nicht. In meiner Jugendzeit war ich zwei Jahre in einer katholischen Schule, da gab es eine Zeitschrift, und ich war Mitherausgeber. Ich wollte einen Roman, den ich verfasst hatte, darin unterbringen. Es war eine Liebesgeschichte, sehr harmlos. Die jungen Leute von heute würden darüber lachen. Das Höchste, was da passierte, war ein Kuss. Das waren Träume eines pubertierenden Jünglings, nichts Verdorbenes dabei. Die Patres aber haben es dann verboten. Ich war wirklich sauer und habe die Schule verlassen.

Gibt es den Roman noch?

Nein, aber die Schule auch nicht mehr.

Wie sehen Sie die digitale Realität, die sich vor allem in Europa und in der ganzen Welt abzeichnet?

Zunächst einmal sehe ich eine Welt, in der das geschriebene Wort viel weniger wichtig ist. Ich kann nicht ohne Bücher leben, und deshalb bin ich ein Mann der alten Kultur. Gleichzeitig sehe ich, was sonst noch getan wird, denn wenn ich mit jungen Menschen spreche, haben die wenigsten von ihnen ein ganzes Buch gelesen. Sie lesen die Dinge, die sie in der Schule brauchen. Als ich jung war und über ein Buch sprach, funkelten meine Augen manchmal. Nur wenige junge Menschen haben leuchtende Augen, wenn sie über ein Buch sprechen. Ihre Augen funkeln, wenn sie über eine Netflix-Serie sprechen. Was bedeutet das für die Verkündigung des Glaubens? Wie können wir über den Glauben in einer Kultur sprechen, in der es kaum noch philosophische und literarische Logik gibt? Es gibt immer eine mathematische Logik. Was bedeutet es, wenn das Subjektive so wichtig wird? Gerne würde ich sie einladen: Komm zur Messe! Aber die ist für sie langweilig, das ist die Wahrheit. Sie verstehen sie nicht, sie können sie nicht verstehen, obwohl es für sie eine wirkliche Erfahrung sein sollte. Ich sage ihnen immer, dass das wie beim Aufladen eines Telefons ist: Es ist nicht aufregend, ein Telefon aufzuladen, aber ohne diese Aktion funktioniert das Telefon nicht. Wenn sie einmal eine wirklich gute Erfahrung gemacht haben, verstehen sie das allerdings schon.

Welche Musik hören Sie?

Ich höre morgens immer Musik, zurzeit viel Mozart. Ich mag auch die Oper sehr, die italienische Oper, aber auch Wagner. Aber nicht beides hintereinander. »Tristan und Isolde« ist eine Musik, die an Wahnsinn grenzt. Gerne würde ich einmal nach Bayreuth fahren. Musik habe ich selbst für mich entdeckt. Niemand in der Familie hat mir da geholfen. Meine Großmutter aber hatte ein gutes Radio. Einmal war sie nicht zuhause, da habe ich »Norma« von Vincenzo Bellini gehört: Das hat mich begeistert. Bellini höre ich noch immer, er hat eine Melodie, die ein sanftes Leiden ausdrückt.

5.

Religion ist kein Leistungssport

Für eine neue Inkulturation des Christlichen

Sie sprechen von einer neuen Inkulturation des Christentums in Europa. Wo haben Sie das zuletzt erlebt?

Es war nur eine kleine Begebenheit, aber für mich war sie wichtig. Ich hatte einmal eine Firmung, wo eine Musikband während der Messe spielte. Dann hatte ich die Idee, zum Schluss eine Polonaise zu machen. Ich habe damit angefangen, die Jugendlichen – wir firmen sie mit 17 Jahren – haben alle mitgemacht. Ich habe das als etwas tief Religiöses empfunden. Wenn ich das geplant hätte, hätte es nicht funktioniert: Das entsprang dem Moment. Dann hat jemand das auf Facebook gepostet und es kamen die Reaktionen der traditionelleren Gläubigen. Wieder so ein Bischof, der sich anbiedert, war die Rückmeldung. Doch damit hatte das überhaupt nichts zu tun. Wichtig ist es doch, in der Situation zu sein. Die Jugendlichen kamen größtenteils aus traditionellen Familien und mögen durchaus die lateinische Messe, aber am Sonntag darauf gehen sie auch gern in eine Rockmesse. Wir brauchen verschiedene Formen nebeneinander und dürfen deren Bestehen nicht als Konkurrenz begreifen. Wenn eine Form nicht mehr notwendig ist, wird sie sowieso verschwinden, weil niemand mehr hingeht. Wenn ich will, dass Jugendliche mündig sind, müssen sie auch etwas sagen dürfen. Eine Predigt muss dialogisch sein können. Wenn die Jugendlichen merken, der Bischof hört uns zu, dann sagen sie auch etwas.

Die Veränderung beginnt mit der Begegnung. Sie sprechen immer wieder davon, dass Sie mit den Menschen in Kontakt kommen wollen. Wie machen Sie das konkret?

Ich hatte Ihnen schon von den Reisen mit meinen Studenten berichtet. Das Reisen mit Jugendlichen mache ich immer noch, das ist für mich wie ein Glaubenselixier. Ich habe auch dem Papst davon erzählt. Der Papst fragte mich: Warum reist du denn mit den Jugendlichen? Ich sagte, ich könnte gar nicht mit ihnen reden, wenn ich sie nicht kennenlernte. Ich brauche das, sonst kann ich ihnen nicht das Evangelium verkünden. Als ich dann vor ihm kniete, um das Kardinals-Birett zu empfangen, sagte er: Mach das weiter, die Reisen mit den Jugendlichen.

Was lernen Sie von den Jugendlichen?

Ich lerne diesen großen, durch die Digitalisierung bestimmten Kulturwandel kennen, in dem die Kirche fast vollständig verschwindet. Religiosität aber gibt es noch immer, die taucht in den verschiedenen Netflix-Serien, die ich schaue, immer wieder auf.

Was schauen Sie sich denn an?

Vor allem das, wovon die Jugendlichen mir erzählen. Ich mag Science-Fiction nicht sonderlich, aber nicht wenige Jugendliche schauen sich das an: ein Gemisch aus Realität und Irrealität. Da ist vieles sehr religiös aufgeladen. In Japan gibt es die Mangas, die mich interessieren. Warum lesen alle meine Studenten Mangas? Letztlich ist das ein säkularisierter Shintoismus. Die Helden in den Comics oder Animes sind mit Superkräften ausgestattet, wie die Gottheiten im Shinto. Nur dass sie nicht als Gottheiten auftreten. Die religiösen Bedürfnisse werden anders erfüllt, wenn die Religionen nicht mehr Sinngebung für die Menschen sein können. Ich würde in Netflix investieren, wenn ich Geld hätte. Ich würde schauen, dass wir ein paar wunderbare Produktionen religiöser Filme hinbekommen. Damit meine ich nicht ein Leben Jesu oder die Erscheinungen von Fatima. Es müsste nicht ein Film zu einem so direkt religiösen Thema sein. Vielleicht könnte zum Beispiel in einer Liebesgeschichte auch gebetet werden. Die ganze Welt der Medien zeigt uns

Menschen ohne Gott, da kommen wir nicht dagegen an. Wir müssen uns bemühen, dass gelebte Religion wieder in Filmen auftaucht.

Haben Sie ein Beispiel, wie Sie mit den Jugendlichen ins Gespräch über den Glauben kommen?

Neulich hatte ich Besuch von einem jungen Portugiesen, der auch sozial und politisch stark engagiert ist. Seine Eltern praktizieren den Glauben nicht. In der Kirche war er das letzte Mal bei seiner Erstkommunion. Die Corona-Krise hat ihm viel zu denken gegeben. Ich möchte wieder zur Kirche zurück, sagte er. Gefallen hatte ihm ein Podcast, in dem ich gesprochen habe; dazu hatten mich Leute eingeladen, die sonst mit Stars sprechen. Meine wichtigste Botschaft war, dass ich keine fertigen Antworten habe. Die Kirche hat zu viele fertige Antworten – auf Fragen, die meistens so gar nicht mehr gestellt werden. Aus dem Glauben heraus zusammen mit Jugendlichen nachzudenken und nach Antworten zu suchen, ist viel mehr wert, als ihnen mit den fertigen Antworten des Katechismus zu kommen. Ich habe jetzt vor, einmal im Monat einen Podcast mit Jugendlichen, die mich alles fragen können, zu machen. Die Antworten werden nicht vorbereitet sein, da wird nichts abgesprochen sein. Gläubige und nicht gläubige Jugendliche werden dabei sein. Ich muss als Bischof Rechenschaft ablegen können für meinen Glauben, in einer Sprache, die die Leute verstehen. Wenn ich das nicht kann, bin ich fehl am Platze. Das ist jetzt mein großes Projekt. Ich sehe, da ist viel zu machen. Jugendliche sind auf der Suche, aber klopfen halt nicht bei uns an.

Im Gespräch mit Jugendlichen kommen doch immer auch die ganz basalen Fragen nach dem Glauben. Gibt es einen Gott? Hat der Relevanz für mein Leben? Was sagen Sie?

Ich kann nur sagen: Für mich hat er Relevanz. Ich habe das auch während meiner Corona-Erkrankung erfahren können. Ich habe Diabetes, hohen Blutdruck, Cholesterin-Probleme, also alles Risikofaktoren. Als ich dann positiv getestet wurde, habe ich mir gesagt: So, es könnte sein, dass du einen schlimmen Verlauf bekommst. Ich war deshalb aber nicht beunruhigt. Ich werde sowieso einmal sterben. Ob das nun etwas früher ist oder etwas später, ist eigentlich irrelevant – verglichen mit der Tatsache, dass man stirbt. Dann habe ich gesagt: Lieber Gott, wenn es jetzt ist, ich bin bereit; wenn es später ist, ist es auch gut. So habe ich mich in der Krankheit wirklich getragen gefühlt. Ich habe auch Leute kennengelernt, die während der Corona-Zeit große Angst hatten, die richtige Angstzustände bekamen, Attacken. Davon war ich durch meinen Glauben an Gott ganz verschont. Da war er schon sehr relevant für mich. Ich kann, wenn die Zeit da ist, gehen, ohne Panik. Nicht dass ich glaube, ich hätte so viel getan, dass ich sofort in den Himmel kommen würde. Aber ich glaube, dass Gottes Barmherzigkeit so groß ist, dass er mich aufnimmt. Das hoffe ich und glaube es auch.

Wie muss die Kirche in dieser post-religiösen Zeit, in der die Glaubwürdigkeit der Institution so stark gelitten hat, reagieren?

Die Institution muss vor allem eine große Demut zeigen. Manches Mal verhalten wir uns so, als ob die kirchliche Institution heilig wäre. »Es hat in der Vergangenheit Probleme gegeben, aber die sind geringfügig...«, sagen manche. Nein, so einfach ist es nicht! Die Institution als solche ist von den Fehlern der Geschichte gezeichnet. Heute müssen wir mit großer Demut sprechen, wir dürfen nicht einfach anderen sagen, was sie zu tun haben. Das ist nicht christlich. Das ist sehr unchristlich. Bei einer Firmung wurde ich gefragt: Glaubst du an die heilige katholische Kirche? Da habe ich gesagt, dass das nicht immer so einfach sei. Die Leute haben gelacht, und ich glaube, dass ihnen das Mut gegeben hat, selbst Ja zu sagen. Wir legen ein Glaubensbekenntnis ab, aber verstehen die Menschen auch, was das bedeutet? Wird das Glaubensbekenntnis bei der Vorbereitung erklärt? Nein, das ist im Allgemeinen nicht genügend der Fall. Und wenn man Gott als Schöpfer des Himmels und der Erde bezeichnet, denken die meisten Menschen an Adam, Eva, die sieben Tage und so weiter. Und dann sagen sie in dem Augenblick, wo sie das Taufversprechen erneuern, Ja, weil sie eben gefirmt werden wollen. Wir erklären den Menschen den Glauben nicht genug. Viele Menschen haben ein Bild von unserem Glauben, das überhaupt nicht dem entspricht, was wir wirklich glauben. Diese Menschen, die manchmal sehr unterschiedliche Vorstellungen vom Glauben haben, befinden sich nicht nur außerhalb der Kirche, sondern auch innerhalb der Kirche.

Was können wir denn gesichert über den Glauben sagen?

Der Glaube ist eine Beziehung zu Christus. Um Christ zu sein, braucht es ein Beziehungsgeschehen. Und um dahin zu gelangen, muss ich mich demütig als Jünger Christi verstehen. Der Glaube ist eine Reise, auf der ich durch meine Torheit, durch die Torheit der Welt, langsam ein Jünger Christi werden kann. Wenn ich meinen Glauben erklären müsste, würde ich nicht sagen, dass ich ein Bischof oder ein Kardinal bin, sondern vor allem, dass ich ein Jünger Christi bin. Und als Bischof bemühe ich mich vor allem, ein Jünger Christi zu sein. Manchmal gelingt es mir, manchmal nicht, und manchmal sind es sogar die Kirche und ihr Brauchtum, die mich daran hindern, Jünger Christi zu sein. Aber ich bin immer noch davon überzeugt, dass ich ein Jünger in der Kirche sein muss, ein Jünger, ohne die Kirche abzulehnen. Wenn man Bischof wird, etabliert man in der Regel einen bestimmten Lebensstil, mit Bischofshaus, Mitarbeitern, engem Terminkalender. Das hindert mich manchmal daran, das eigentlich Wichtige zu tun. Es wäre schön, als Bischof noch mehr andere Menschen zu treffen, auch junge Leute. Denn wie soll ich sonst mit ihnen reden, wenn ich sie nicht kenne? Ich lerne viel von ihnen, aber auch ich kann etwas geben. Ich bin dann so etwas wie ein Großvater, und das ist gut so. Denn der Großvater wird nicht als Bedrohung empfunden. Der Vater ist die Autorität, aber nicht der Großvater. Jetzt entdecke ich die Gnade, ein Großvater zu sein – obwohl ich manches Mal nicht viel älter bin als ihr Vater.

Wie sind die Gespräche mit den Jugendlichen? Sagen die nicht: Das sind so alte Geschichten, Großvater, die sagen mir nichts mehr.

Ich sage ihnen: Ich werde für dich beten. Du musst es merken, ich kann dich nicht überzeugen. Du musst in deinem Leben merken, dass Gott existiert. Du musst die Fundamente für deinen Glauben in deiner existentiellen Erfahrung finden. Anders geht es nicht.

Wie sind diese Wege genauer beschaffen?

Oft sage ich den Jugendlichen: Wenn man verliebt ist, empfindet man ein großes Glücksgefühl. Man wartet, ist vielleicht trostlos, bis man eine neue Nachricht erhält, ein Zeichen der Zuwendung. Und so geht es mir mit Gott. Ich möchte in der Präsenz Gottes leben. Das gibt meinem Leben Halt. Die Jugendlichen müssen das selbst erfahren. Ich kann nur hoffen, dass sie auch diese Erfahrung machen können. Ich glaube, dass sich gerade Jugendliche nach einer solchen Erfahrung sehnen.

Wie können Orte für eine solche Erfahrung aussehen?

Wir müssen uns mit dem Beten beschäftigen. In Taizé kann man beten lernen, indem man lernt, sich Gott auszusetzen. Es braucht die Erfahrung, dass Beten nicht ein Plappern ist, sondern zuerst ein einfaches Mit-Gott-Sein. Jugendliche fragen mich dann auch: Was sagen Sie zu Gott? Meist sage ich überhaupt nichts. Ich bin nur da. Wenn du eine Person hast, die du liebst, ist das Zusammensein wichtiger als das Reden. Es gibt eine Zeit des Redens, es gibt aber auch eine Zeit des Schweigens, in der die Beziehung wächst. So ist es auch in der Beziehung mit Gott. Ich glaube, dass einige Jugendliche durch die Gespräche, die ich mit ihnen hatte, durchaus ein Gespür dafür gewonnen haben – nur können sie es oft nicht unbedingt mit Kirche verbinden. Aber das ist keineswegs überraschend, denn vielfach beten auch wir in der Kirche nicht in diesem Sinne. Im Aufsagen von Gebeten sind wir in der Kirche gut, aber im Stillsein, einfach bei Gott sein, da haben wir Nachholbedarf. In den Exerzitien des heiligen Ignatius heißt es, dass man sich vor dem Beten der Präsenz Gottes aussetzen soll. Das ist für mich das Wichtigste.

Wie sieht Ihr Gebet dann aus?

Ich bete oft ausgehend vom Evangelium – manchmal ist das inspirierend, manchmal aber auch nicht. Eine Übung aus den ignatianischen Exerzitien ist für mich stets im Mittelpunkt des Gebets: Zuerst stelle ich mir den Ort vor, an dem ich bin, ganz konkret. Dann gehe ich in die Rolle hinein, in der ich bin, und schaue, wie es mir geht. Ich versuche mit Christus darüber zu sprechen. Das gehört zu meinem Leben. Auch feste Gebete gehören für mich dazu, das Beten des Breviers ist manchmal sehr schön – manches Mal aber auch nicht. Irgendwie ist es zu mechanisch. Manchmal werde ich dadurch geradezu abgelenkt und denke an etwas anders. Die Laudes geht dann so schnell vorbei, dass ich es nicht einmal gemerkt habe. So geht es wohl vielen, die beten. Sich wirklich die Zeit zu nehmen, um bei Gott zu sein, das ist unsere Aufgabe und unsere Chance. Sonst merken wir ja nicht, dass Gott bei uns ist.

Was überrascht Sie im Gespräch mit Jugendlichen?

Viele Jugendliche heute mögen die eucharistische Anbetung, das hat mich zunächst etwas verblüfft. Und das ist jetzt noch nicht sofort eine Frömmigkeit, wie man sich das traditionell vielleicht vorstellt. Einer sagte mir einmal, die Anbetung mag ich, aber Messe finde ich langweilig. Das heißt auch, dass er nicht versteht, was Anbetung ist, dass es eine Danksagung ist, die an die Eucharistie angebunden ist. Aber ich glaube, dass viele in der Anbetung spüren, dass Gott bei ihnen ist.

Wie kommt es zu der Attraktivität der Anbetung?

Im Leben vieler Jugendlichen gibt es keine Momente der Stille mehr. Dann aber öffnet sich ein Raum, wo man einfach da sein kann. Auch das Gefühl des Angenommenwerdens ist wichtig. Es wäre schön, wenn auch die Priester wirklich die Leute einfach annehmen könnten! Christi Aufforderung »Urteilt nicht« ist wichtig, das ist Evangelium pur. Das ist das Geheimnis der Seelsorge und der Verkündigung: die Menschen einfach gern zu haben, wie sie sind, nicht sofort an ihnen herumzubasteln. Das ist auch das besondere Geheimnis des Papstes. Die Leute spüren, wenn er auf sie zugeht: Er hat sie gern.

Ist es für Sie möglich, Gott auf den Begriff zu bringen? Wer genau ist Gott für Sie?

Es ist die Unermesslichkeit der Liebe, die in Christus ein Gesicht hat. Ich erkläre den Firmandinnen und Firmanden immer, dass Gott sie auf einzigartige Weise liebt, so als wären sie die einzigen Menschen auf der Welt. Und Gott kann dies mit allen Menschen gleichzeitig tun, denn Gott sieht nicht nur die ganze Erde, sondern auch die ganze Geschichte. So kann er alle Menschen auf diese besondere und einzigartige Weise lieben. Das können wir vielleicht nur für eine Person tun und nicht einmal für das ganze Leben. Unsere Liebesgeschichte ist viel kleiner.

Aber wie soll man sich ein solches Wesen vorstellen?

Wenn wir an den Computer denken, der viele verschiedene Prozesse gleichzeitig ausführen kann, hat er etwas an sich, das weit über unsere Vermögen hinausgeht und manche an Gott erinnert. Aber Gott ist nicht nur noch viel mächtiger als der Computer, sondern auch anders; er verarbeitet nicht nur Daten, er schafft Leben. Er ist auch Person, er ist fähig zu lieben, und damit frei. Deshalb sage ich den jungen Leuten immer: Glaubt nicht, dass Gott euch nur liebt, wenn ihr in der Kirche seid und gute Dinge tut. Gott liebt euch genauso sehr, wenn ihr Fußball spielt, wenn ihr zusammen seid und Unsinn redet. Gott liebt dich also und ist erstaunt über dich. Er liebt dich selbst dann, wenn du Dinge tust, die völlig falsch sind. Und dann nimmt seine Liebe die Form der Vergebung an. Viele Zuhörer überrascht dies: Aber wir dürfen die Liebe Gottes nicht als eine Trivialität ansehen, deshalb müssen wir die Geschwisterlichkeit leben. Denn sie ist Nächstenliebe auf globaler Ebene. Der Papst sagt: Seid denen nahe, die im Mittelmeer sind, seid denen nahe, die mit dem Klimawandel leben, seid denen nahe, die in ungerechten wirtschaftlichen Verhältnissen leben.

Wir müssen also Geschwisterlichkeit leben, um unseren Nachbarn auf globaler Ebene zu helfen?

Wir sind es, die uns bemühen müssen, ihr Nächster zu werden, so wie der barmherzige Samariter unser Nächster wurde.

Sie beschreiben eine Glaubenshaltung, die – wie Sie sagen – aber oft gerade nicht mit der Kirche identifiziert wird. Warum?

Der große Fehler ist, dass wir unsere Religion zu einer Leistungssache, wie zu einem Leistungssport, gemacht haben. Ich muss bestimmte Dinge kennen, ich muss bestimmte Dinge glauben, ich muss besser werden im Einhalten der Regeln – das ist anstrengend. Dieser Leistungsgedanke schreckt nicht nur ab, er ist falsch. Was verlangt denn Gott von Dir? Ich kann das nicht sagen. Es wäre ja vermessen, wenn ich einem Jugendlichen sage, Gott verlangt, dass du das und das machst.

Aber genau das ist doch der Anspruch der Kirche und des Lehramtes?

Ich glaube nicht, dass Gott mir mitteilt, was er konkret von jedem will. Das teilt er jedem selbst mit. Ich muss schauen, dass ich das merke. Wenn ich ein guter Hirte sein will, muss ich dem Jugendlichen helfen, Gottes Willen zu finden und anzunehmen. Ich muss sehr aufpassen, dass ich nicht meinen eigenen Willen in ihn hineininterpretiere.

Aber die Kirche hat doch Regeln aufgestellt, die sie als heilsnotwendig deklariert.

Man muss diese Regeln immer wieder überprüfen. Was nützen sie, wenn sie vielleicht logisch begründet sind, aber wenn niemand sie versteht? Und dies nicht wegen des Unvermögens der Leute! Sondern weil die Art und Weise des Denkens so ist, dass es nicht mehr verstanden werden kann.

Woher kommt diese Erkenntnis einer demütigen Haltung?

Das ist das Prinzip des heiligen Ignatius.

Mit dieser Haltung sind Sie aber doch nicht aufgewachsen. Haben Sie die Kirche nie als Gegenüber empfunden, das etwas von Ihnen will?

Doch! Und ich habe immer sehr stark ablehnend darauf reagiert. Als ich im Gymnasium war, gab es viele, die zum Lernen für das Abitur in eine nahe gelegene Abtei gingen. Das wollte ich dann auch machen. Das ist schön, da ist dann auch Zeit fürs Gebet, dachte ich. Dann hörte ich, der Abt habe gesagt: Oh, der Hollerich ist interessiert, Priester zu werden, schauen wir, dass wir den hierherziehen. Daraufhin bin ich nicht mehr dorthin gegangen. Ich war empört. Ein anderes Mal bot ein Jesuit mir Exerzitien an. Aber ich spürte, der will mir gar nicht helfen, der will mich zu sich ziehen. Natürlich habe ich sofort abgesagt.

Damit sind wir bei der Freiheitsthematik. Viele haben den Eindruck, die Kirche will ihnen die Freiheit nehmen.

Genau, und es ist das Gegenteil von dem, was wir tun sollten. Ich bin als Bischof dazu da, zu helfen, dass der Freiraum entsteht, dass Gott im Herz der Menschen wirken kann. Ich darf mich da nicht einmischen. Der heilige Ignatius beschreibt das Verhältnis in den Exerzitien so: Der Heilige Geist gibt die Exerzitien, der Priester begleitet nur, geht mit. Die Geschichte vom Emmausgang beschreibt das sehr schön. Jesus erklärt die Schrift, aber er hört die Jünger auch an. Er sagt nicht: Jetzt ist aber Schluss, ihr geht jetzt zurück. Vielmehr lässt er sie seine Nähe erfahren, was besonders beim Brechen des Brotes passiert – und als ihr Herz brennt, als er das Evangelium erklärt. Das wirkt. Dann brauchen sie ihn auch nicht mehr zu sehen. Sie wissen jetzt, was sie tun sollen. Aber das entsteht ausgehend von der eigenen Freiheit. Ich war eine Zeitlang auch für die Berufungen der Jesuiten in Japan zuständig. Es gab zwei Kandidaten; aufgrund meiner Erfahrung, meinte ich, dass sie nicht zum Priester berufen seien. Aber ich habe ihnen das nicht gesagt, sie sollten das selber herausfinden. Und so ist es auch gekommen: Sie sind beide heute glücklich verheiratet.

Aber der moderne Mensch würde doch entgegnen, dass er vollkommen autonom ist und deshalb nicht erst den Willen Gottes suchen muss?

Man kann das ja ausprobieren. Ich will – und kann – ihm da nichts vorschreiben. Wenn er das so sieht, soll er das so versuchen. Aber ich möchte die Brücke, den Dialog nicht abbrechen lassen. Was soll ich sagen? Du gehst deinen Weg, wir sehen uns nicht mehr, tschüss? Nein, ich kann ja auch von ihm lernen. Wenn ich etwas lerne, können sich auch meine Meinungen verändern, dadurch werde ich sensibler. Zum Beispiel beim Thema Homosexualität: Wenn ich mit Jugendlichen eine Reise mache, geht es mir wie einem Vater. Wenn plötzlich ein Sohn oder eine Tochter sich outet, sagt man ja nicht: Tut mir leid, aber du musst das Haus verlassen. Man liebt die Kinder doch weiter und versucht, sie, ihre Gefühle, ihr Leben zu verstehen. Ich glaube, dass ich mich dann auch wie ein Vater ändern muss, um mein Kind zu verstehen. Sonst kann ich auch nicht im kirchlichen Sinn ihr Hirte sein. Allgemein muss ich ja nicht alles gutheißen, was junge Leute machen. Aber man muss auch manchmal das zulassen, was einem selbst nicht richtig erscheint, und ihnen vertrauen, ihnen die Freiheit lassen, wie der barmherzige Vater auch den verlorenen Sohn zunächst wegziehen lässt. Er hätte das alles – vielleicht? – verhindern können, wenn er gesagt hätte: Du musst ein gutes Leben führen hier zu Hause. Dann hätte es aber auch nie die Herzlichkeit der Beziehung gegeben, die sich später einstellte, als der Sohn zurückkam. Vertrauen in die Menschen zu haben, bedeutet gleichzeitig Vertrauen in Gott zu haben.

Es gibt die Säkularen, es gibt die Suchenden – und es gibt auf der anderen Seite auch die traditionelleren Katholiken, die sehr überzeugt sind von der Kirche, wie sie war und ist. Wie gehen Sie damit um?

Zunächst glaube ich persönlich auch, dass Gott mich berufen hat. Ich glaube, dass man eine Gewissheit erlangen kann, sich auf einen solchen Weg zu begeben. Wenn das eine innere Gewissheit ist, ist es kein Problem. Gewissheiten können dann etwas Gutes sein. Gott ruft die Menschen andauernd. Wenn dann die Menschen den Ruf hören, sich auf den Weg machen, zusammen, dann geschieht etwas – dann geschieht Heil. Das sehe ich auch bei konservativen und progressiven Katholiken. Ich bin ja der Bischof von allen.

Wie gehen Sie aber mit bestimmten konservativen Strömungen und Bewegungen um, etwa dem Neokatechumenalen Weg, den es auch in Ihrer Diözese gibt?

Es geht dabei nicht um meine Meinung, zunächst einmal bin ich Hirte aller. Ich kann nicht sagen: Leute, ihr habt eine Bewegung gegründet, die behagt mir nicht, ich schließe sie oder lade sie aus meiner Diözese aus. Meine Offenheit gilt zunächst allen Richtungen. Wenn Christen zusammenkommen, ob konservativ oder progressiv, möchte ich zuerst sehen, dass der Heilige Geist wirksam geworden ist. Ich kann auch Fragen stellen, wenn ich welche habe, aber immer mit dem notwendigen Respekt. Ein Bischof sollte nicht von oben einen Reformplan für seine Diözese machen. Das wird nicht klappen. Wie viele pastoraltheologische Bücher wurden schon verfasst von den unterschiedlichsten Ansätzen her, keiner dieser Ansätze hat die Kirche reformiert. Das heißt nicht, dass die Pastoraltheologie schlecht ist, weil die Bücher nicht gewirkt haben. Aber ich muss schauen: Wie wirkt der Geist Gottes in meiner Diözese? Wo entsteht etwas Neues? Wo kann ich helfen, vielleicht auch einmal korrigieren? Die Leute sind meiner pastoralen Sorge anvertraut. Das heißt nicht, dass ich in jedem Fall weiß, was für sie gut und was für sie schlecht ist. Ich bin ja auch nur ein Mensch. Ich muss schauen, dass die Leute sich entwickeln und wachsen können.

Aber allein abwarten wird nicht helfen. Wir haben es mit einem fundamentalen Abbruch des Christentums in unserer Zeit zu tun. Was muss geschehen?

Die Gefahr ist real, dass das Christentum in Europa mittelfristig nahezu verschwindet. Der Schrumpfungsprozess ist erschreckend. Ich bin in manchen Pfarreien der Jüngste, wenn ich dorthin gehe. Irgendwann haben wir den Anschluss verloren. Es gibt falsche Routinen und einen schlechten Professionalismus auf allen Seiten. Neulich war ich in einer Messe, nicht mit Konservativen, sondern eher Alt-Achtundsechzigern. Sie haben die gleichen Lieder gesungen und genauso geredet wie in meiner Jugendzeit. Ich dachte, ich sei in einer Zeitmaschine. Sie glaubten, sie seien progressiv, doch sie tradierten nur ihre Art und Weise weiter. Bei den Konservativen ist das natürlich auch so, ganz klar – aber es geschieht eben auch bei den anderen. Ein Pater, der lange im Ausland war und jetzt zurückgekommen ist, ging zuerst in die Pfarrei, wo er vorher Pfarrer war. Er sagte mir, er sei bestürzt gewesen. Sie machen die Pastoral wie zu seiner Zeit, das ganze Programm wird abgespult wie vor zwanzig

Jahren. Nur dass alle älter geworden sind. Es waren keine Jugendlichen mehr da, aber auch keine jungen Erwachsenen. Die Frage war: Was muss geschehen? Zuerst einmal muss mir, wenn ich Pfarrer bin, die Situation überhaupt wehtun. Ich muss mit der Situation hadern, dann finde ich im Ringen mit Gott und den Menschen Ideen, aus der Isolation herauszukommen und die Leute anzusprechen. Wir müssen schlicht dorthin gehen, wo die Leute sind. Das ist seit 2000 Jahren immer das Gleiche. Doch im Moment sitzen wir in der Kirche und warten, dass die Leute kommen. Wenn sie nicht kommen, schimpfen wir auf sie. Das ist bequem – und falsch. Christus hat so nicht agiert. Er wäre noch heute in Nazareth, wenn er so gehandelt hätte. Auf die Leute zugehen im Bewusstsein, dass das, wo die Leute hingehen, nicht unbedingt Teufelswerk ist, muss unsere Losung sein. Wenn ich in ein Rockkonzert gehe und die Leute dort etwas Wichtiges für sich finden, ist Gott da am Werk. Ich kann daraus lernen.

Aber umgekehrt gefragt: Was kann das Christentum Europa überhaupt noch bieten?

Erneuerung und Freude, denn Europa ist nicht fröhlich. Europa fehlt es an wahrer Freude, an wahrem Glück. Die Menschen sind nicht glücklich. Man leidet nicht wirklich, weil man – nicht alle – materiell gut dasteht. Aber ansonsten sind die Menschen wirklich unglücklich. Die Pandemie hat das bestätigt: Wenn sich die äußere Situation ändert, werden wir schnell unglücklich. Außerdem wird plötzlich das Thema des Todes, die Angst der Existenzialisten, wieder aufgeworfen: Wir könnten sehr gut leben, ohne an all das zu denken. Und wenn uns alle unsere Spielzeuge weggenommen werden, taucht plötzlich die Existenzangst wieder auf.

Was folgt daraus für die religiöse Frage in Europa?

Die Religion nimmt heute nur wenig Platz in Europas Identität ein, zudem nicht den wichtigsten. Auch das muss man anerkennen. Viele katholische Vertreter glauben immer noch, Europa sei christlich. Das ist ein großer Fehler. Natürlich kennen wir viele christliche Werte, aber wir sind selbst nicht immer die eifrigsten Verfechter dieser Werte gewesen. Und wenn gesagt wird, dass sich der Glaube, das Dogma oder die Lehre der Kirche nicht weiterentwickeln können, wird das weder der Religion noch der Welt gerecht. Wir müssen in Europa wieder die Vernunft ins Recht setzen, um den Glauben besser zu verstehen. Manchmal gibt es auch ein Zuviel an Vernunft, aber Fundamentalismus ist immer dumm.

Wenn also der Glaube Vernunft erfordert, ist Theologie notwendig. Allerdings wurde die Theologie von der Gesellschaft, vom intellektuellen Milieu weitgehend verdrängt. Wie kann sie wieder eine Wirkung entfalten?

Es kommt in erster Linie darauf an, wie wir das Christentum leben. Wir müssen diesen Dialog führen und das, was daraus erwächst, einbringen. Wir dürfen nicht nur mit Menschen sprechen, die dieselbe Meinung haben wie wir.

Wann genau haben wir den Anschluss verpasst? Das Zweite Vatikanum war doch bereits ein solcher Aufbruch. Dennoch ist die Lage heute viel dramatischer.

Ohne das Konzil wäre es in der katholischen Kirche noch viel schlimmer, dann wären wir schon am Ende. Wir haben uns zu sehr auf bestimmte Modellvorstellungen verlassen, auf eine gewisse technische Machbarkeit von Kirche. Aber die Amtsgnade bedeutet ja nicht, dass man erleuchtet wird. Bei mir jedenfalls nicht. Wir haben die Haltung des Suchens verloren, wir haben nach dem Konzil irgendwann den Mut verloren, auf die Menschen zuzugehen. Wir haben heute die Situation, dass der Hirte nicht dem einen verlorenen Schaf nachgeht, wie es im Evangelium heißt. Denn es ist nur noch ein Schaf da, die 99 sind weg und die muss man dann suchen gehen. Das ist mühsam, aber vielleicht geht es mit dem einen Schaf zusammen? Das weiß vielleicht, wo die 99 sind.

Seit wann ist Ihnen klar, wie dramatisch die Situation des Christentums in Europa ist?

Das ist mir schon relativ lange bewusst. In meiner Erinnerung waren immer Kinder in der Kirche. Als ich aus Japan zurückgekommen bin, war kein einziges Kind mehr im Gottesdienst. Die Pfarrer sagen: Wenn wir verlangen, dass die Kinder vor der Erstkommunion die Messe besuchen sollen, regen sich die Eltern auf. Aber es hilft nicht, zu resignieren, wir müssen es vielmehr ganz anders machen. Eine Erstkommunion hat keinen Sinn, wenn das so ist. Das muss man erklären. Die Pfarrer sind frustriert, dass die Leute, nachdem sie es ihnen erklärt haben, nicht begeistert in die Messe kommen. Wenn es aber nicht erfahrbar wird, was diese Messe mit dem Leben, auch mit dem Leben der Kinder zu tun hat, verstehe ich vollkommen, dass die Leute nicht kommen. Wenn das nur zu einem Hokuspokus, einem Zauber wird, lohnt es die Mühe nicht. Die Messe am Sonntag ist für viele zu einem leeren Ritual verkommen.

Rituale haben doch auch was Gutes?

Aber sicher, Rituale geben Sicherheit. Der Mensch braucht Riten, das gilt nicht nur für religiöse. Ich habe beispielsweise ein genaues Ritual, wie ich morgens meinen Kaffee trinke. Wenn das nicht läuft wie immer, bin ich meistens verstimmt. Für viele Leute, für ältere, die noch zur Messe kommen – natürlich nicht für alle –, ist die Messe so ein Ritus wie mein Kaffee. Ich glaube aber nicht an meinen Kaffee. Und sie glauben nicht an die Messe. Deshalb fordern sie auch, dass die Messe genau in ihren Zeitplan passt, schön verlässlich, pünktlich und immer am gleichen Ort. Was ich bei manchen älteren Leuten vermisse – ich überspitze das jetzt natürlich –, ist, dass sie die Kinder und Jugendlichen gar nicht oder nicht mehr vermissen. Sie genügen sich selbst.

Diese Selbstgenügsamkeit, bei Priestern und Gläubigen, ist das Gegenteil der Haltung von Christus.

Wo erleben Sie diese Selbstbezogenheit konkret?

Ich hatte während der Pandemie die Mundkommunion verboten. Daraufhin bekam ich eine Menge empörter Briefe und einige Leute wollten nicht mehr zur Kommunion gehen. Wir haben sogar eine Form gefunden, die eine Berührung verhindert. Man nimmt ein Tuch in die Hand, das nach der Kommunion in einen Korb geworfen und gewaschen wird. Ich finde das nicht sehr schön, aber wenn es den Leuten hilft, gerne. Und dennoch gehen einige nun nicht mehr zur Kommunion. Wenn die Art der Kommunion wichtiger wird als die Kommunion selbst, habe ich etwas Grundsätzliches gar nicht verstanden. Dann wird auch die Kommunion auf eine persönliche Frömmigkeitsform reduziert: Ich und mein Jesus. Man muss schon viel Fantasie haben, um das aus dem Neuen Testament herauszulesen. Da agiert Jesus in der Gemeinschaft der Jünger. Daraus folgt, dass ich am Leib Christi teilhabe – und wir werden dann zum Leib Christi. »Tut dies zu meinem Gedächtnis« bedeutet, wir müssen so leben und handeln, dass es dieser Kommunion entspricht: auch unser Leben hingeben für andere. Wenn das ganz verschwindet und nur noch eine persönliche Frömmigkeit übrigbleibt, wird diese zu einem individualistischen, postmodernen Phänomen.

Sie sprechen von einer neuen Inkulturation des Christentums. Wie soll das gehen? Etwa mit einer eigenen Synode für Europa, nachdem der Papst jetzt überall dazu aufgefordert hat, über das Thema Synodalität nachzudenken?

In der Tat kann keiner alleine die Aufgabe einer neuen Inkulturation des Christentums meistern. Dazu brauchen wir die Gemeinschaft unter den Ortskirchen. Teilweise sind unsere Ortskirchen zu eng geworden, zu sehr auf die eigene Nation konzentriert. Wir können doch langfristig nicht für das Problem der Säkularisierung eine deutsche, eine französische, eine polnische, eine spanische Lösung haben, alle nebeneinander. Das ist Mumpitz und zutiefst unkirchlich. Deswegen müssen wir wieder mehr zusammenfinden. Nur, leider ist das derzeit noch nicht realistisch. Eine europäische Synode wäre richtig, braucht aber noch etwas Zeit.

Sie haben gesagt, die Menschen verstehen unsere Sprache nicht mehr. Hinter der Sprache steht ein Denken. Was muss sich ändern?

Zum Beispiel müssen wir die Sexualität endlich positiv bewerten. Wenn ich mit Jugendlichen länger spreche, zeigt sich, dass sie sehr wohl ein Sündenbewusstsein haben. Aber das hat meist nichts mit Sexualität zu tun. Jugendliche probieren im Bereich der Sexualität manches aus, und das ist ja nicht unbedingt alles schlecht. Ich persönlich würde das nicht machen, ich bin auch kein junger Mensch von heute.

Aber wenn ich erst einmal die jungen Menschen nehme, wie sie sind, können sie vielleicht auch von mir etwas annehmen. Ich verkündige Christus, ich bin nicht in erster Linie der Prediger einer Moral. Ich kann auch nicht einfach mit dem ganzen theologischen Apparat kommen, die ganzen Glaubenssätze einfach abladen. Das hält ja kein Mensch aus. Es braucht eine gelebte Vermittlung.

In der religiösen Erziehung hat das sechste Gebot auch in den letzten 50 Jahren noch eine große Rolle gespielt.

Ja, ich spreche auch mit Jugendlichen darüber, wenn sie darüber sprechen wollen. Ich zwinge sie nicht, über Sexualität zu sprechen. Aber gerne erzähle ich ihnen davon, dass eine feste Beziehung etwas sehr Wichtiges ist. Das verstehen sie auch. Aber eine Kirche, die dauernd den moralischen Zeigefinger hebt, wollen die Leute nicht verstehen. Dann können sie die Botschaft nicht annehmen. Wir, die Kirche, sind ja auch nicht besser als die anderen. Warum sollen wir da groß Moral predigen? Wenn ich auf die Missbrauchsfälle schaue, schäme ich mich. Die Leute lachen mich doch aus, wenn ich jetzt anfange, von Moral zu sprechen.

Sie haben die Sexualmoral erwähnt und das Evangelium der Liebe. Bedeutet dies, dass der Katechismus geändert werden muss?

Wir müssen im Katechismus anders formulieren, davon bin ich überzeugt. Ich bin sehr froh, dass Papst Franziskus die

Todesstrafe als mögliche Bestrafung gestrichen hat. Ich hatte ihm damals auch in diesem Sinne geschrieben. Wir haben im Katechismus vieles formuliert, ohne die Voraussetzungen dafür zu bedenken. Wir wissen gar nicht mehr, wie wir zu dieser oder jener Lehre gekommen sind. Sehr lange glaubte man, dass im Samen des Mannes der ganze Mensch enthalten sei. Die Frau war nur die Empfangende. Dann ist Masturbation natürlich eine schreckliche Sünde, denn ich vernichte sozusagen Menschenleben. Das haben wir weitergeführt, obwohl der Grund dafür gar nicht mehr vorhanden ist. Nun ist Masturbation nicht die höchste Form der menschlichen Liebe, aber darum geht es nicht, vielmehr muss die Kirche auch die Fragilität der Menschen verstehen, vor allem der Jugendlichen. Und man darf ihnen nicht eine Moral aufbürden, die sie nicht tragen können und nicht tragen sollten.

Die Frage ist ja auch, wofür sie sie tragen sollten. Ist die Moral auch Ausdruck des Evangeliums?

In der Tat ist einiges an unseren überkommenen Vorstellungen nicht gut, weil es nicht dem Kern des Evangeliums folgt. Manches ist auch kulturell bedingt oder entsprechend überformt. Was vielleicht in einem gewissen Milieu tragbar war, ist es nun nicht mehr. Man muss moralische Ansprüche fallen lassen, die zerstörerisch wirken. Aus solchen Konstellationen können Monster entstehen. Hier kann eine Ursache für sexuelle Gewalt liegen. Manche geben dann das Ganze einfach auf und fühlen sich dann redlich und auch befreit. Doch die Sexualmoral steht dann dem Auftrag der Kirche entgegen. Ich bin nicht da, um Moral zu lehren, sondern den Namen Christi zu verkünden.

Natürlich taucht dann auch wieder die Frage nach der Homosexualität auf.

Wir müssen beim Thema Homosexualität umdenken. Wir sind noch gefangen in dem Paradigma, dass Homosexualität eine Krankheit sei, die man zurückdrängen und heilen will. Wir wissen aber nun, dass dem nicht so ist. Also müssen wir die Menschen lieben, wie sie sind, und annehmen. Wenn Menschen zu mir kommen, um zu beichten, sind natürlich auch welche dabei, die homosexuell sind, Frauen und Männer. Sie merken, dass ich sie gerne habe, dass ich sie nicht verstoße und ihnen ihren freien Willen lasse. Sie müssen für ihr Leben entscheiden, nicht ich. Wenn sie einen Partner gefunden haben, eine Beziehung, die Bestand hat, führen können, freue ich mich für sie.

Ein konservativer Bischof hat einmal gesagt, es könne doch nicht alles falsch sein, was ich die letzten 50 Jahre geglaubt habe. Es gibt bei manchen eine tiefe Kränkung.

Das muss ich aber ertragen, ich persönlich auch. Es war nicht alles, aber eben doch manches falsch, und manches war auch schon vor 50 Jahren falsch. Es gab ja da schon

Wissen, das aber noch nicht bis in die katholischen Kreise vorgedrungen war. Wir sind in einer bürgerlichen Moral des 19. Jahrhunderts gefangen, die eben keine biblische Moral ist. Ich habe in meinen Vorlesungen auch Themen behandelt wie die Geschichte der Ehe. In den Dörfern Europas heirateten die Leute lange erst, wenn die Frau schwanger geworden war. Das sieht man sogar in den alten Bildern der Hochzeit von Anna und Joachim in manchen Kirchen. Auf diesen Bildern ist Anna schwanger. Das war normal zu jener Zeit. Da hatte niemand in der Kirche daran gedacht, zu sagen, das ginge nicht. Das ist eine neue Lehre, das ist nicht die alte katholische Tradition. Das ist eine Frucht der verbürgerlichten Religion in Mitteleuropa. Auch die Französische Revolution war im Übrigen sehr moralisierend, das ist keine rein christliche Angelegenheit.

Gerade die Verurteilung der Homosexualität ist inzwischen weltweit zu einem Kulturkampf geworden, auch in der katholischen Kirche.

Die sogenannten streng-konservativen Katholiken sind selbst ein Phänomen der Postmoderne. Sie sind gar nicht an einer lebendigen Tradition interessiert, sondern wählen gezielt Versatzstücke des Katholischen aus. Man fühlt sich wohl in seiner Blase, die Identität wird bestärkt, weil alle dort dasselbe sagen. Ich würde gerne – der liebe Gott tut das ja – in die Köpfe und auch in das Gewissen dieser Leute schauen, ob sie wirklich so leben, wie sie sagen. Ich habe hier in Luxemburg die Europapfadfinder gegründet, die sehr konservativ sind, darunter sehr viele konservative Franzosen. Ich nehme mir Zeit für die Jugendlichen, die dann gar nicht immer so sind, wie ihre Eltern sich das vielleicht denken. Manche Jugendliche erzählen ihren konservativen Eltern, was diese hören wollen. Ähnliches findet man in manchen Priesterseminaren: Es gibt eine Fixierung auf die Sexualmoral, ansonsten gibt es kaum Sünde. Und das ist – vereinfacht gesagt – Blödsinn.

Andere Konfessionen drohen ausgerechnet an der Frage der Homosexualität zu zerbrechen. Sie kennen die Weltkirche sehr gut. Welche Chance sehen Sie weltweit für Veränderung?

Natürlich wird das nicht einfach und es braucht einen längeren Prozess. Ich fand es sehr klug, dass der Papst angedeutet hat, dass eingetragene Lebenspartnerschaften im weltlichen Recht eingeführt werden sollten. Da war möglicherweise der strikte Weg der Kirche falsch. Homosexuelle Menschen müssen die gleichen Rechte haben wie alle anderen auch, das ist doch klar. Es hätte gar nicht dazu kommen müssen, die heterosexuellen Strukturen der Ehe nachahmen zu wollen.

Ist es ähnlich wie bei der Empfängnisverhütung: Maximalforderungen haben die Glaubwürdigkeit vollends zerstört?

Ich deute »Humanae Vitae« in meinen Ehegesprächen so, dass das Kinderhaben zunächst zum Eheverständnis dazugehört und die Zahl der Kinder nicht durch einen falschen Egoismus der Eltern bestimmt wird. Aber ich gehe nicht so weit, als Bischof Vorschriften zu machen. Auch ist der Naturbegriff in »Humanae Vitae« problematisch. Gut, wir wissen inzwischen, dass die Pille nicht das Beste für die Frau ist. Aber in der Medizin habe ich es immer mit Nebenwirkungen zu tun und keiner käme auf die Idee, Medizin als unnatürlich zu kritisieren. Ich muss doch auch die Kreativität des Menschen als Ebenbild Gottes ernst nehmen.

Welche Verbindung gibt es zwischen der festgeschriebenen katholischen Sexualmoral und der Missbrauchskrise?

Wir müssen vorsichtig sein und dürfen keine einfachen kausalen Zusammenhänge behaupten. Aber ich bin überzeugt, dass es da auch ungute Verknüpfungen gibt. Wir müssen eine gewisse Verklemmtheit überwinden. Ich kann doch nur den Zölibat leben, wenn ich weiß, dass ich ein sexuelles Geschöpf bin. Auch als Priester kann ich mich verlieben, das ist ganz normal. Doch ich muss mir dann über meine Lebensentscheidung klar werden, so wie vielleicht ein verheirateter Mann auch. Ich gehe dann in die Kapelle und bitte darum, dass Gott mir den Blick auf diese Frau ändert. Dass ich die Frau mit den Augen Gottes sehe.

Vielleicht sind Sie danach noch verliebter?

(Lacht) Aber anders, auch weil ich nicht meine Gefühle verdränge, sondern mit ihnen umgehe. Wenn ich mit Gottes Hilfe meinen Weg gehe, ist das etwas anderes als diese oft vorherrschende Verklemmtheit. Auch als zölibatär lebender Mensch kann ich mit mir im Reinen sein und eine Freiheit haben, mit allen Menschen einen guten Umgang zu haben.

Welche Rolle spielt das Amtsverständnis der Kleriker?

Wir sind zu einer reinen Priesterkirche geworden, das ist der falsche Weg. Das Priestertum ist wichtig und es ist auch mir persönlich ein Anliegen: Ich glaube an die Sakramentalität der Kirche. Das heißt aber nicht, dass Priester alles regeln müssen. Wir ahmen in unseren Strukturen immer die Gesellschaft nach – nur mit ein paar hundert Jahren Verspätung. Jetzt sind wir bei einem monarchischen System angekommen, darin ist der Priester auf der unteren Ebene teilweise wie der absolute Monarch. Das wurde im Ersten Vatikanum für den Papst lehramtlich festgeschrieben und im Zweiten Vatikanum auf die Bischöfe erweitert. Nach der Devise: volle Gewalt dem Bischof. Mit der Synodalität von Papst Franziskus kommen wir zu einem Kirchenverständnis, bei dem die Menschen aus sich heraus eine Autorität haben. Es ist nicht ein Zugeständnis des Bischofs, dass ein Christ etwas zu sagen hat. Der Christ hat auf Grund seiner Gottesebenbildlichkeit, seiner Menschenwürde Autorität.

Gibt es in Ihrer Biografie einen Bruch, gerade mit Blick auf ihr Priestersein, an dem Sie gemerkt haben, dass wir in einer neuen Zeit sind?

Ja, solche Brüche habe ich sogar öfters erlebt. Ich komme aus einem kleinen traditionsbewussten Dorf. Heute weiß ich: Die Welt von damals lässt sich nicht festhalten. Ich habe gelernt, umzudenken, ausgehend davon, dass ich die Wirklichkeit wahrnehme und auch akzeptiere. Ich war früher ein großer Verfechter des Zölibates für alle Priester, heute wünsche ich mir *viri probati*. Es ist ein tiefer Wunsch, das ist nicht nur so dahergesagt. Aber dennoch ist es ein schwieriger Weg für die Kirche, weil er als Bruch empfunden werden kann. Nach der Amazonassynode mag einer der Gründe dafür, dass der Papst keine *viri probati* erlaubt hat, gewesen sein, dass sie zu laut gefordert wurden und die Synode stark auf diese Frage reduziert wurde. Ich denke, wir müssen in diese Richtung gehen, sonst haben wir bald keine Priester mehr. Langfristig kann ich mir auch den Weg der Orthodoxie vorstellen, dass nur die Mönche zur Ehelosigkeit verpflichtet werden.

Was ist Ihre Erklärung für den fehlenden Priesternachwuchs?

Es liegt an vielem, an der Schwierigkeit, in unserer Gesellschaft Christ zu sein, an den Gemeinden, in denen es keine Kinder und Jugendliche mehr gibt, auch am Zölibat, leider auch an einigen Priestern, die wir jetzt haben. Vielleicht fühlen sie sich in ihrer veränderten Rolle nicht wohl. Manche träumen zum Teil der Vergangenheit nach und sind deshalb nicht glücklich. Junge Leute werden keine Berufung spüren, wenn die, die den Beruf ausüben, nicht glücklich sind. Ich wäre ja Masochist, wenn ich dem nacheifern würde. Ich habe einmal einen Ministranten angesprochen, ob er nicht Priester werden wolle. Da hat er mich entsetzt angeschaut und gesagt: Ich bin doch nicht schwul. Für ihn war Priestersein damit verbunden. Ich habe nichts gegen schwule Priester, aber sie sollten im Klerus keine größere Gruppe als in der Bevölkerung ausmachen. Das wird sich wohl ändern, wenn Schwule in der Zivilgesellschaft stärker akzeptiert sind.

Können Sie sich Diakoninnen für die Kirche vorstellen?

Ich hätte nichts dagegen. Doch Reformen brauchen ein stabiles Fundament. Wenn der Papst jetzt einfach *viri probati* und Diakoninnen erlauben würde, wäre die Gefahr des Schismas groß. Es geht ja nicht nur um die deutsche Situation, wo vielleicht nur ein kleinerer Teil ausbrechen würde. In Afrika oder in Ländern wie Frankreich würden möglicherweise viele Bischöfe nicht mitmachen. Der Papst hat nichts gegen Konservative, wenn sie vom Leben lernen. Genauso hat er auch nichts gegen die Reformer, wenn sie die Gesamtkirche mit im Blick behalten. Und der Papst mag keine Lagerkämpfe in der Kirche. Ich habe manchmal den Eindruck, dass die deutschen Bischöfe den Papst nicht verstehen. Der Papst ist nicht liberal, er ist radikal. Aus der Radikalität des Evangeliums kommt der Wandel.

Die Deutschen wollen ja immer nur die Strukturen ändern, heißt es. Aber wenn wir tatsächlich noch monarchische Strukturen haben, wie Sie sagen, muss man sie doch auch ändern, oder?

Ja, aber es muss in einer Art und Weise geschehen, wo es einen Konsens gibt. Wir müssen auf jeden Fall so viele Leute auf den Weg mitnehmen wie nur möglich. Und dann geht es nicht darum, dass Pastoralreferenten zu einem Klerus zweiter Klasse werden. Es darf nicht einen geweihten und einen nicht geweihten Klerus geben, sondern der Klerikalismus muss zerstört werden. Bei den Priestern, aber auch bei den Laien.

Aber wie geht das, die Leute mitnehmen? Manche sind ungeduldig, manche wenden sich ab, andere sind empört.

Ich versuche als Bischof, nicht von den normalen Leuten abgeschnitten zu werden. Es passiert als Bischof schnell, dass man im Grunde nur noch einen kleinen Kreis von Menschen trifft, der einem eine Normalität vorgaukelt, die es nicht gibt. Ein Bischof benötigt unbedingt Kontakt zu Gläubigen und zu Nicht-Gläubigen aus unterschiedlichen sozialen Kreisen. Wenn man diese Außenwahrnehmung nicht mehr bekommt, gerät man schnell in diese Kirchenkriege hinein, in denen es nur zwei Lager gibt. Die deutsche Situation hat eine Dramatik in sich, die weder hilfreich noch notwendig ist.

Viele Bischöfe werden angeklagt, sie hätten in besonderer Weise sexuelle Gewalt und Missbrauch vertuscht. Wie beurteilen Sie rückblickend deren Verhalten?

Im Großen und Ganzen gibt es nicht so viele Unterschiede zwischen den Bischöfen weltweit. Vielmehr gibt es ein strukturelles Versagen, alle haben in der Zeit so gehandelt, mehr oder weniger gleich, alle haben – grob gesagt – vertuscht. Eigentlich alle haben falsch reagiert, die ganze Kirche hat falsch reagiert. Sie haben das Ausmaß des Missbrauchs gar nicht begriffen oder begreifen wollen. Vor allem haben sie das Leiden der Betroffenen nicht gesehen. Oft haben sie die Fälle in Briefen oder vom Sekretär zugetragen bekommen – und dann verdrängt, verschwiegen oder verharmlost. Auch wenn das keine Entschuldigung ist, gab es natürlich auch ein allgemeines gesellschaftliches Wegschauen beim Thema sexuelle Gewalt, etwa in den Familien.

Die Missbrauchskrise war in Deutschland auch der Ausgangspunkt, über notwendige Veränderungen in der Kirche zu sprechen. Wie blicken Sie auf den Synodalen Weg?

Ich würde die Einstellung von Tomáš Halík teilen. Man kann nicht nur über Strukturreformen reden, auch die Spiritualität muss wieder wachsen. Wenn es nur um Reformen als Ergebnis eines Kampfes geht, kann sich schnell alles wieder umkehren. Es kommt dann nur auf den größeren Einfluss von der einen oder der anderen Gruppe an. Aus dem Teufelskreis kommen sie dann nicht heraus.

Nun ist die Kirche ja kein herrschaftsfreier Raum.

Es gibt ja im Deutschen dieses Unwort des Dienstamtes. Doch im Lateinischen heißt es: Ministerium, da ist das Wort Amt gar nicht dabei. Der Priester wird zum Dienen geweiht. Dieses Dienen kann auch ein Leitungsdienst sein. Es muss mir aber bewusst sein, dass das ein Dienst ist, den ich nicht bekommen habe, weil ich der Tollste, der größte Kopf bin und weiß, wo es langgeht. Nein, ich kann diesen Dienst des Leitens nur ausfüllen, wenn ich die Leute liebe und auf sie höre. Ich muss nicht mit allem einverstanden sein. Aber ich muss mich dem aussetzen. Der Leiter einer Gemeinde muss sich der Liebe Gottes und der Gemeinde aussetzen.

Wenn Sie an die Zukunft der Kirche denken und den jeweiligen Bereichen immer nur ein Wort zuordnen dürften, welches Wort würden Sie wählen? Als erstes: Zur Seelsorge?

Gnade.

Für die Theologie?

Erneuerung und Tiefe. Manchmal finde ich die neuen Theologien ein bisschen flach.

Politik?

Menschenrechte.

Leitung der Kirche?

Synodalität. Und: Nachfrage! Wir müssen mehr von den Menschen verlangen. Es ist ein Zeichen von Liebe, wenn wir etwas fordern. Als Nachfolger Christi müssen wir anspruchsvoll sein.

Aufeinander hören soll auch beim Synodalen Weg in Deutschland passieren?

Da gibt es viele schräge Töne, jedenfalls in der Presse. Das klingt alles nicht sehr harmonisch.

Werden wir noch einmal konkret mit Blick auf die Rolle der Frau in der Kirche. Sie haben schon einmal gesagt, dass man über alles reden müsse …

Es ist eine der wichtigsten Fragen überhaupt in der Kirche. Wir können doch als Männer nicht sagen: Ihr dürft putzen, ihr dürft die Stühle aufstellen, ja ihr dürft sogar die Lesung vortragen! Und damit hat es sich! Das würde ich mir als Frau nicht bieten lassen. Dabei scheint mir die erste Frage nicht zu sein, ob Frauen Priester werden sollen oder nicht, sondern ob Frauen zunächst im Priestertum aller Getauften und Gefirmten des Volkes Gottes ihr volles Gewicht haben und sie die damit verbundene Autorität ausüben können.

Das hieße auch Predigt und Auslegung des Wortes Gottes in der Messe?

Ich könnte mir das vorstellen. Wir haben in Luxemburg die »Muttergottesoktave«. Eigentlich eine Doppeloktave, denn es sind zwei Wochen Wallfahrt zur Trösterin der Betrübten. Da haben wir jeden Nachmittag eine klassische Sakramentsandacht mit Predigt. Es war immer eine Ehre für Priester, wenn sie Oktavprediger wurden. Für die letzte Oktave habe ich dann eine Frau ernannt. Dabei haben wir das bestehende Kirchenrecht vollkommen eingehalten. In den Messen predigte sie nicht. Das sollte der Priester machen, der der Messe vorstand. In den Sakramentsandachten war sie die Predigerin. Es war eine Frau, die etwas zu sagen hatte. Ich konnte persönlich durch ihre Predigt im Glauben wachsen. Aus solchen Erfahrungen kann sich ein Bewusstseinswandel ergeben.

Haben Sie eine Erklärung, warum gerade die Frauenfrage jetzt so ein Spaltungspotenzial hat, auch in anderen Religionen?

Ich habe einen guten Freund, einen Griechen, der mit einer thailändischen Frau verheiratet ist. Er hat viel über den Buddhismus in Thailand geschrieben und auch über die Frage der Frauenordination im Buddhismus. Das Oberhaupt der thailändischen Buddhisten ist ganz dagegen, einige Frauen gehen dann nach China und werden dort ordiniert. In Thailand wird deren Ordination aber nicht anerkannt. Wenn ich auf die Argumente schaue, die er benutzt, sind es Traditionsargumente. Die ähneln den Argumenten der katholischen Kirche sehr. Da kommt der Verdacht auf, dass es nur Traditionsargumente sind. Ich möchte das nicht beurteilen, sondern dem Heiligen Geist in der Zukunft vertrauen. Wenn das volle Laienamt der Frauen endlich sichtbar würde, wären wir schon ein Stück weiter.

Was sagen Sie zum Thema der wiederverheirateten Geschiedenen, die die Kommunion empfangen wollen?

Der Papst hat ein paarmal formuliert, dass wir an Kinder denken müssen, die wieder ein Zuhause brauchen. Ich habe einigen Geschiedenen gesagt, die daran leiden, nicht zur Kommunion zu gehen: Kommt wieder zur Kommunion, Gott wartet auf Euch! Sie sind in Tränen ausgebrochen, das war so schön, das zu erleben. Ich bin ja nur der Verwalter des Sakraments, ich bin nicht der Herr darüber. Wenn man die unendliche Barmherzigkeit sieht, die Christus hatte: Wer bin ich dann, dass ich jemanden ausschließen kann? Ich kann verstehen, wie eine solche Theologie des Ausschlusses entstanden ist. Aber da sind wir doch heute nicht mehr! Können wir wirklich an der Wahrheit der Eucharistie festhalten, wenn wir diese Menschen ausschließen? Das heißt auf der anderen Seite nicht: Egal was ihr tut, ihr könnt immer zur Kommunion kommen.

Wie ist das mit dem Kommunionempfang bei gemischt konfessionellen Partnern?

Ich habe in Tokio jedem, der in der Messe zur Kommunion kam, die Kommunion gegeben. Ich habe niemandem die Kommunion verweigert. Ich nehme an, dass ein Protestant, wenn er mit zur Kommunion kommt, weiß, was Katholiken darunter verstehen, zumindest so viel, wie es auch die anderen Katholiken in der Messe tun. Ich könnte aber nicht mit einem evangelischen Geistlichen konzelebrieren. Das könnte ich innerlich nicht mitvollziehen. Ich habe den Protestantismus in Tokio sehr gut kennen und auch schätzen gelernt. Wir haben viel gemeinsam gemacht, zum Beispiel Kanzeltausch einmal im Jahr. Ich war einmal bei einem Abendmahl dabei und habe zugeschaut. Ich war danach entsetzt, als der Rest vom Wein ausgeschüttet wurde und der Rest vom eucharistischen Brot in den Mülleimer geworfen wurde. Das hat mich zutiefst erschüttert, das kann ich als Katholik nicht, denn ich glaube an die Realpräsenz.

Es gibt konservative Denker, die sagen: Der Katholizismus ist Teil eines großen, auch seltsamen Geheimnisses. Eine gewisse Fremdheit sei deshalb notwendig.

Sicher, gemeint ist das Geheimnis der Gottheit im Unterschied zum Menschen, das Geheimnis, dass Gott sich den Menschen zuwendet in der Person Jesu Christi. Aber bestimmte Riten und menschliche Gewohnheiten sind eben nicht das Geheimnis. Das Geheimnis ist Jesus Christus selbst, seine Zuwendung zu den Menschen, die in den Sakramenten geschieht. Ob ich das auf Lateinisch oder Japanisch sage, gehört nicht zum Geheimnis dazu.

Welchen Wert hat die lateinische Messe?

Ich mag die lateinische Messe, ich finde den Text sehr schön, besonders den Ersten Kanon. Wenn ich die Messe in meiner Hauskapelle feiere, nehme ich manchmal ein lateinisches Hochgebet. Ich würde das nicht in einer Gemeinde machen. Ich weiß, dass die Leute dort kein Latein verstehen und damit nichts anfangen können. Aber ich bin angefragt worden, in Antwerpen einen lateinischen Gottesdienst zu halten, im jetzigen Ritus. Das werde ich auch tun, aber ich würde nicht im alten Ritus zelebrieren. Als Kardinal müsste ich die Cappa magna tragen, da würde ich bestimmt stürzen, weil ich es nicht gewohnt bin, mit so einer Schleppe zu gehen. Und vor allem würde ich mich zu Tode schämen. Was würde Christus denn sagen? Stellst du dir so meine Nachfolge vor? In Purpur gehüllt dahinzugleiten? Ich habe gesagt, wer mich liebt, nehme sein Kreuz auf sich und folge mir nach, und nicht: Nimm deinen Purpurschweif. Ich hätte den Eindruck, dass ich Christus verrate. Das heißt nicht, dass andere Leute es vielleicht nicht in einem guten Sinn tun können. Aber ich kann das nicht.

Der Blick des Christen geht oft zurück, weil die Offenbarung der Evangelien als etwas Vergangenes erscheint. Das Konservative scheint deswegen naheliegend.

In unserer Sprache und Vorstellung liegt die Vergangenheit hinter uns und die Zukunft vor uns. Im alten Ägypten war das genau andersherum. Die Vergangenheit wurde als das vor uns Liegende gesehen, weil wir sie ja kennen und sehen. Die Zukunft hingegen lag nach ägyptischer Vorstellung hinter uns, weil wir sie nicht kennen. Die katholische Kirche, so scheint mir, ist noch immer ägyptisch angehaucht. Doch das funktioniert nicht mehr. Gott öffnet die Zukunft. Die Offenbarung ist ein Erinnern im Jetzt, um ins Morgen zu gehen. Wir lesen die Geschichten der Vergangenheit einzig und allein, um in die Zukunft zu gehen, nicht um in der Vergangenheit zu bleiben. Der Papst spricht immer vom Jetzt. Träume sind nicht die reale Welt. Gott wirkt immer nur in der Realität. Ich muss in der Realität meiner Zeit leben, wenn ich den Willen Gottes erfahren möchte.

Nun gibt es aber immer katholische Sehnsuchtsorte in der Vergangenheit, die sehr wirkmächtig sind, wie etwa das Leben der frühen Christen oder der Katholizismus des Mittelalters oder jener des 19. Jahrhunderts.

Das ist aber nicht historisch, sondern Träumerei. Wenn wir von der großen Tradition der Kirche sprechen, wird zu oft eine bestimmte Epoche verklärt, und zwar so, wie sie nie gewesen ist. Die Messe war früher viel schöner, sagen manche. Doch welche Form meinen sie? Meist wird eine Vergangenheit imaginiert und zu einer Tradition stilisiert. Daran ist die ägyptische Zivilisation letztlich gescheitert. Sie hatte nicht mehr die Kraft, sich zu verändern.

Die Konservativen sagen dann, die Liberalisierung sei das Übel.

Es ist auch nicht alles gut, nicht jede Veränderung ist ein Gewinn. Aber man muss in seiner Zeit leben und die Unterscheidung der Geister pflegen. Es gibt eben auch viel Gutes. Wenn ich das Gute annehme und kritisch bleibe, ist das der Weg der Kirche.

Findet die Kirche so den Weg in die Zukunft?

Es wird viele Wege geben, um den Weg des Evangeliums zu gehen. Es wäre falsch, zunächst über Strategien zu diskutieren. Mein Bild für die Kirche ist das Volk Gottes, das unterwegs ist. Im Noviziat war ich einmal in einem kleinen Dorf in Frankreich, es gab dort außerhalb des Dorfes Einsiedeleien. Auf einem kleinen Pfad war ich unterwegs zu einer solchen Einsiedelei. Der Mond schien sehr schwach und meine Taschenlampe funktionierte nicht mehr. Ich hatte Angst. Dann habe ich gemerkt, dass ich zwar den Weg nicht mehr sehe, nur noch den nächsten Schritt. So bin ich zu dem Haus gekommen. Vielleicht ist das die Art der Bewegung der Kirche für die nähere Zukunft. Wir kennen den ganzen Weg nicht. Der Hirte ist auch nicht derjenige, der den Weg immer kennt und weiß, wo es langgeht. Der Hirte muss mit den Schafen gehen, sie zusammenhalten. Manchmal werden auch die Schafe den Weg finden, und der Hirte hinkt hinterher, Schritt für Schritt. Mit Gottvertrauen kann man das machen, in eine neue Zeit hinein.

Lebenslauf von Kardinal Jean-Claude Hollerich

9. August 1958: Geburt in Differdingen, Luxemburg. Seine Kindheit verbrachte er in Vianden, Luxemburg.

1978–1981: Beginn der Priesterausbildung an der Päpstlichen Universität Gregoriana in Rom und im Pontificium Collegium Germanicum et Hungaricum

27. September 1981: Eintritt in den Jesuitenorden

1981–1983: Noviziat in Wépion (bei Namur), Belgien (Jesuitenprovinz Südbelgien und Luxemburg)

1983–1985: Pastorales Praktikum bei der Jeunesse Étudiante Chrétienne (JEC) in Luxemburg und bei der Communauté Vie Chrétienne (CVX); Lehrer an der Privatschule Fieldgen und am Lycée français Vauban in Luxemburg

1985–1987: Studium der japanischen Sprache und Kultur in Tokyo, Japan

1987–1989: Theologiestudium an der Sophia University in Tokyo, Japan

1989–1990: Theologiestudium und Abschluss an der Philosophisch-Theologischen Hochschule Sankt Georgen in Frankfurt, Deutschland

21. April 1990: Priesterweihe in Brüssel, Belgien

1990–1994: Studium der deutschen Sprache und Literatur an der Ludwig-Maximilians-Universität in München, Deutschland. Abschlussarbeit: »Das Konstantinopolitanische Glaubensbekenntnis. Eine Textuntersuchung«

Ab 1994: Dozent für Deutsch sowie für europäische Studien an der Sophia University in Tokyo, Japan

1997–2011: Mitglied des Rates der Erzdiözese Tokyo für die Missions- und Pastoralwerke

1999: Ernennung zum »Associated Professor« (professeur associé) und 2006 zum ordentlichen Professor an der Sophia University in Tokyo, Japan

2001: Senior Research Fellow am Zentrum für Europäische Integrationsforschung in Bonn, Deutschland

18. Oktober 2002: Letzte Gelübde nach dem Tertiat in der Sankt-Ignatius-Kirche in Tokyo; Mitglied der japanischen Jesuitenprovinz

2003–2006: Direktor des Katholischen Zentrums der Sophia University, Tokyo, Japan

2008–2011: Rektor der Jesuitengemeinschaft an der Sophia University, in der 65 Jesuiten aus verschiedenen Ländern sowie Mitglieder des Board of Trustees der Universität leben

2008–2011: Vizerektor der Sophia University für »International Relations« und »Trustee for Overseas Liaisons«

Seit dem 16. Oktober 2011: Erzbischof von Luxemburg

2014–2018: Präsident der Konferenz der Justitia-et-Pax-Kommissionen Europas

Seit 2018: Präsident der »Kommission der Bischofskonferenzen der Europäischen Gemeinschaft« (COMECE)

2019: Erhebung zum Kardinal durch Papst Franziskus

2020: Ernennung zum Mitglied des Päpstlichen Kulturrates und des Päpstlichen Rates für den interreligiösen Dialog

2021: Seelsorger des Cartellverbandes der katholischen deutschen Studentenverbindungen

2021: Wahl zum Vize-Präsidenten des »Rates der europäischen Bischofskonferenzen« (CCEE)

2021: Ernennung zum Mitglied der Kongregation für das Katholische Bildungswesen

2021: Ernennung zum Generalrelator der 16. ordentlichen Generalversammlung der Bischofssynode »Für eine synodale Kirche: Gemeinschaft, Teilhabe und Mission« durch Papst Franziskus

Die Gesprächspartner

Alberto Ambrosio, geboren 1971 in Italien, ist Mitglied des Dominikanerordensund Professor für Theologie und Geschichte der Religionen an der Luxembourg School of Religion & Society. Ambrosio hat in Bologna, Straßburg, Paris und Rom studiert und sich in Metz habilitiert. Er beschäftigt sich intensiv mit interreligiösen Studien sowie mit der Verbindung von Spiritualität und zeitgenössischer Kultur.

Volker Resing, geboren 1970, ist Chefredakteur der Zeitschrift „Herder Korrespondenz". Er hat in Münster Geschichte und Germanistik studiert. Seit 2002 lebt er in Berlin und hat als Journalist für verschiedene Tages- und Wochenzeitungen gearbeitet. Er ist Autor mehrerer Bücher, unter anderem von der Biografie: „Angela Merkel: Die Protestantin".